46

DIE SCHÖNSTEN REZEPTE
aus
FRANZÖSISCHEN
KRÄUTERGÄRTEN

DIE SCHÖNSTEN REZEPTE
aus
FRANZÖSISCHEN KRÄUTERGÄRTEN

GERALDENE HOLT

Spezialfotografie:
Linda Burgess

DUMONT BUCHVERLAG KÖLN

Für Mary Frances Kennedy Fisher,
in dankbarer Zuneigung

Vielen Menschen in Frankreich und England bin ich seit langem zu
Dank verpflichtet für die Erfahrungen und Kenntnisse auf dem Gebiet
der guten Küche, die sie im Lauf der Jahre so großzügig an mich weiter-
gegeben haben.
Für die hilfreiche Unterstützung bei der Arbeit an diesem Buch danke
ich besonders Yvette Marquet, Suzanne und Jeannette Doize,
Susan und Harry Beazley, Pamela Todd, Scott Ewing, Jean Joice und
Philippa Davenport.
Die Zusammenarbeit mit Linda Burgess und ihrer Assistentin
Debbie Patterson hat mir sehr viel Spaß gemacht. Lindas Fotografien
gelingt es immer, die enge Verbindung zwischen den ortstypischen
Speisen und der entsprechenden Landschaft zu zeigen.

Die Löffelmengen in den Rezepten sind – wenn nicht anders
angegeben – als gestrichen voll zu verstehen.

1989 Conran Octopus Limited
37 Shelton Street
London WC2H 9HN

CIP-Titelaufnahme der Deutschen Bibliothek
Holt, Geraldene:
Die schönsten Rezepte aus französischen Kräutergärten /
Geraldene Holt. Aus d. Engl. vom Kollektiv Druck-Reif. –
Dt. Erstveröff. – Köln: DuMont, 1989
Einheitssacht.: Recipes from a French herb garden ‹dt.›
ISBN 3-7701-2452-9

Aus dem Englischen vom Kollektiv Druck-Reif

INHALT

EINFÜHRUNG

WENN ich das Rhône-Tal entlang in Richtung Südfrankreich fahre, bemerke ich immer wieder mit besonderer Freude, daß die Dachziegel plötzlich anders aussehen. Irgendwo in der Gegend von Lyon werden die tiefroten Ziegel der nördlichen Region von der sonnengebleichten Terrakottafarbe des Südens abgelöst.

Wenn überall das warme Orange von den Dächern leuchtet, ist man im Midi angelangt; dort wo die römischen Kolonialherren sich so zu Hause fühlten, daß sie das Gebiet zur Provinz ihres Landes erklärten und ihm den Namen *Provincia* gaben. Hier wachsen die Kräuter noch wild auf den Hügeln, und die Speisen, der Wein, der ganze Lebensrhythmus sind von der Glut der Sonne durchdrungen.

Einen der schönsten Kräutergärten, die ich kenne, habe ich in einem kleinen Dorf der nördlichen Provence entdeckt. Er liegt auf einem Hügelvorsprung hoch über dem flachen Rhône-Tal und wird durch eine Steinmauer vor den heftigen Mistralböen geschützt. Früher gehörte die Anlage zu einem mittelalterlichen Kloster, und auch heute finden sich dort neben Küchenkräutern wie Estragon, Fenchel, Petersilie und Thymian noch mancherlei Heilkräuter.

Jedesmal, wenn ich durch diesen alten Garten gehe, fällt mir die unverwechselbare Stimmung auf, die in fast allen Kräutergärten herrscht. Sie strahlen eine tiefe, friedvolle Wärme aus, eine zeitlose Harmonie. Es macht mir immer wieder Freude, mich in diesem aromatisch duftenden Garten aufzuhalten und ganz für mich allein die vielfältigen Blattmuster und Blüten zu betrachten. Auch wenn ich mich in Kräutergärten meist allein aufhalte, fühle ich mich dort nie einsam. Ich glaube, Kräuter sind von allen Pflanzen die geselligsten.

In der Provence wuchsen die Kräuter schon von jeher wild. Seit Tausenden von Jahren ist der karge, felsige Boden unverändert von struppigem Buschwerk und Kräutern überwuchert. Der herbe Zauber dieser Landschaft hat Generationen von Dichtern und Malern inspiriert: Mistral und Zola, Cézanne und Van Gogh, sie alle haben die magnetische Anziehungskraft der Provence in ihren Werken eingefangen. Paul Cézanne versuchte zwar einige Jahre lang, im nördlichen Licht von Paris zu leben und zu malen, „doch schließlich", so schrieb er, „zog mich die Sonne unwiderstehlich zurück."

Dem sonnigen Klima verdanken die Provencekräuter ihre besondere Würze. Dort, wo sie ihren angestammten Platz haben, brauchen sie erstaunlich wenig Erde zum Überleben. Der karge Nährboden, die Hitze und die Trokkenheit verleihen den Kräutern das intensive Aroma und den starken Duft. Ich halte sie für die schmackhaftesten aller Kräuter. Ich pflücke sie vor Ort, verwende sie zum Kochen und pflanze sie aus mitgebrachten Samen und Trieben sogar zu Hause in England an.

Die Anwohner der Gegend teilen jedoch nicht unbedingt meine Meinung. Als eine Freundin in der Ardèche mich einmal wilden Thymian pflücken sah, der dort *serpolet* oder *farigoule* heißt, sagte sie, ich könne das Kraut doch unmöglich zum Kochen verwenden – sie wolle mir lieber Thymian aus ihrem Garten mitgeben, der viel besser schmecke. Ich lächelte nur und probierte dann beides aus, sowohl meine Wildkräuter als auch ihre üppigeren Gartengewürze. Weder diese noch jene waren besser – sie schmeckten ganz einfach verschieden.

KNOBLAUCH ZU VERKAUFEN – *Wenn man in den Sommermonaten durch Südfrankreich fährt, sieht man an vielen Bauernhöfen Schilder, auf denen Obst oder Gemüse zum Verkauf angeboten wird. Hier soll ein Knoblauchzopf die Vorbeifahrenden zum Anhalten verlocken.*

Der Kräutergarten ist die älteste Gartenart. Historische Überlieferungen berichten, daß die frühesten Kräutergärten rechteckig waren und durch einen niedrigen Erdwall abgeschirmt wurden, der die zarten Triebe vor kaltem Wind schützte. In den Wall waren an verschiedenen Stellen Einbuchtungen eingelassen, die meist mit Kamille oder Thymian bewachsen waren und als Sitzplätze dienten. Zwischen den Kräuterbeeten verliefen schmale, teppichweiche Pfade aus Mentha Pulegium, einer kriechenden Minzesorte, die bei jeder Berührung süß duftete. Von jeher also war der Kräutergarten mit Bedacht so angelegt, daß er alle Sinne ansprach; denn Kräuter erfreuen das Auge ebenso wie den Geruchs-, Geschmacks- und Tastsinn, ja sogar das Gehör, wenn die hohen Fenchelstauden im Wind rascheln oder eifriges Bienensummen aus den Lavendelblüten dringt.

Seit langem schon spielen Kräuter in der französischen Küche eine bedeutende Rolle. Man verwendete sie bereits vor der Zeit Karls des Großen, der angeblich Wildbraten mit Kräuterfarce aß. Olivier de Serres, der Begründer der fran-

PROVENZALISCHES MITTAGESSEN – *Im Schatten der großen Blätter eines Feigenbaums nimmt eine Familie das Mittagessen ein. Der Hof dieses Bauernhauses bei Uzès fängt die Sonne ein, die in der Provence fast durchgehend vom Juni bis in den Winter scheint.*

zösischen Landwirtschaft, zählte im 17. Jahrhundert vierzig verschiedene Kräuter auf, die in jeden gut angelegten Küchengarten gehörten. Und La Varenne führt in seinem Kochbuch *Le Cuisinier François,* das 1651 erschien, ebenfalls zahlreiche Kräuter an. Heutzutage ist es für einen französischen Meisterkoch geradezu undenkbar, auf frische Kräuter zu verzichten, was viele erlesene Gerichte von Bocuse, Guérard, Bras, Perrier und Vergé eindrucksvoll bezeugen.

Meine besten Freunde in Frankreich leben auf dem Lande und kochen dort mit den Produkten ihres eigenen Gartens und mit den Vorräten, die sie jede Woche frisch auf dem Markt einkaufen. Zu jeder Mahlzeit gehört mindestens ein wenig Petersilie oder ein Lorbeerblatt. In der Küche hängen dekorative Bündel getrockneter Kräuter – Majoran und

Oregano, die zu Beginn der Blütezeit gepflückt werden, dunkelgrün glänzende Lorbeerblätter und dicke, rosa schimmernde Knoblauchknollen. Manchmal sieht man auch eine Schüssel frisch gesammelter Wacholderbeeren, ein Sträußchen *poivre d'âne* – Eselspfeffer – oder wildes Bohnenkraut. In der traditionellen ländlichen Küche werden all diese Kräuter großzügig verwendet. Sie stammen aus dem Garten, den Feldern und den umliegenden Hügeln. Dadurch erhalten die Gerichte den typischen *goût de terroir*, den herzhaften Geschmack, dem man die regionalen Zutaten anmerkt.

Früher standen meine Kräuter im Küchengarten, wo sie neben dem Spargel in einer langen Reihe ungeordnet wucherten. Dieser Platz hatte sich zufällig so ergeben und war keineswegs ideal. Die Kräuter wuchsen zu weit von der Küche entfernt und waren vom Haus aus nicht zu sehen. Als ich anfing, dieses Buch zu schreiben, beschloß ich, daß es endlich an der Zeit sei, meinen Kräutergarten zu verlegen. Auf dem kleinen Wiesenstück hinter unserem Haus in Devon legte ich die Beete nach dem Vorbild der französischen Kräutergärten an.

Zuerst grub ich ein großes, rechteckiges Stück Rasen aus. Darunter kam steiniger Boden zum Vorschein, eine ideale Grundlage für Kräuter. Um den Pflanzen eine möglichst nährstoffreiche Basis zu verschaffen, bedeckte ich den glatt geharkten Boden mit einer dünnen Schicht lehmiger Erde, vermischt mit gut abgelagertem Kompost. Durch einen kreuzförmigen, mit Natursteinen gepflasterten Pfad wurde das Gärtchen in vier Beete unterteilt, und in der Mitte blieb genug Platz frei für eine Sonnenuhr. Der gleiche Pfad wurde zur Abgrenzung rund um den Kräutergarten verlegt.

Es machte großen Spaß, den Garten anzulegen, die einzelnen Kräutersorten auszusuchen und sie in den Beeten zu verteilen. In die Mitte pflanzte ich jeweils zuerst die höher wachsenden Sorten: Angelika und Liebstöckel, Fenchel und Zitronenmelisse. Es folgten mittelhohe Kräuter, wie Estragon, Borretsch, Dill, Lavendel, Rosmarin und Salbei. Näher zum Rand kamen Pflanzen von niedrigem Wuchs, wie Majoran und Basilikum. Rings um die Sonnenuhr pflanzte ich verschiedene Thymiansorten, und als Umrandung für die Beete verwendete ich besonders gradlinig wachsende Kräuter wie Schnittlauch, Ysop, Petersilie und Sauerampfer.

Innerhalb weniger Monate steht der Kräutergarten bereits gut im Wuchs und bildet eine stille, duftende Oase, in der man umhergehen oder sitzen kann. An sonnigen Tagen trinke ich dort meinen Frühstückskaffee, betrachte die vielen zarten Schattierungen von Grün bis Grau und denke an die vielen Menschen, die sich im Lauf der Jahrhunderte für diese wunderschönen Pflanzen begeistert haben. Denn die Kräutersorten haben sich mit der Zeit kaum verändert, sie sind von Umzüchtungen weitgehend verschont geblieben. Es mag zwar einige neue Rosmarin- oder Lavendelarten geben, doch mir gefällt der Gedanke, daß die Gärtner und Köche vergangener Zeiten auch schon die gleichen Pflänzchen gehegt und gepflückt haben wie wir. Diese Vorstellung hat für mich etwas Tröstliches und Besinnliches.

Inzwischen habe ich viel Platz für meine Kräuter, aber ich kann mich noch gut an Zeiten erinnern, als ich nur ein Fensterbrett zur Verfügung hatte und meine Kräuter ausschließlich in Blumentöpfen anpflanzte. Die meisten Kräuter fühlen sich darin sehr wohl, vor allem, wenn sie im Sommer draußen stehen können und bei der ersten Kälte ins Haus geholt werden.

Praktisch jeder Blumentopf eignet sich für Kräuter; es kommt nur auf die Erdmischung und den Stellplatz an, der so sonnig wie möglich sein sollte. Doch selbst in einem schattigen Hinterhof habe ich schon den herrlichsten, leuchtend grünen Sauerampfer in großen Töpfen Lehmerde stehen sehen. Man kann die Topfkräuter auch so beschneiden und zurechtstutzen, daß sie fast wie Zwergbäumchen aussehen.

Ich bin es von Jugend auf gewohnt, mit Kräutern zu kochen, und finde ich es immer noch spannend, mich mit ihnen zu beschäftigen. Je mehr man über diese Gewürzpflanzen weiß, die in der Küche eine so wichtige Rolle spielen, desto mehr Spaß macht das Kochen und Essen. Eigentlich sollte man meinen, daß es über Küchenkräuter mittlerweile nichts Neues mehr zu erfahren gibt. Tatsächlich aber finden Pflanzenforscher, Naturheilkundler, Homöopathen, Küchenchefs oder Hobbyköche fast täglich neue Aspekte dieser wunderbaren Pflanzen heraus; und mehr denn je scheinen Kräuter uns heute unverzichtbar für Gesundheit und Wohlbefinden.

Selbst wenn Ihre Erfahrungen mit Küchenkräutern sich vorerst noch auf die Petersiliensträußchen und Schnittlauchbündchen aus dem Supermarkt beschränken, werden die nächsten Seiten Sie hoffentlich dazu anregen, sich in weitere Bereiche der Kochkunst vorzuwagen: in das aromatische Ambiente dieser vielseitigen Gewürze, die allen Speisen einen besonderen Wohlgeschmack verleihen.

Clyst William Barton, Devon

KRÄUTER AUS FRANZÖSISCHEN KRÄUTERGÄRTEN

Schon seit Jahrhunderten spielen Kräuter in der französischen Küche eine bedeutende Rolle. Überall in Frankreich gedeihen sie in Gärten, Blumentöpfen und Blumenkästen und werden liebevoll gepflegt.

TRADITIONELLER ANBAU – *vor kurzem wurden die Gartenanlagen des Château de Bailleul nach Originalplänen französischer Renaissancegärten restauriert. Sie enthalten heute vielerlei alte und seltene Heil- und Küchenkräuter.*

ANGELIKA, ENGELWURZ
ANGÉLIQUE

Frische Angelikablätter werden in Salaten und zum Aromatisieren von Früchtekompott verwendet. Säuerliche Früchte für Tortenbeläge, wie z. B. Rhabarber, schmecken durch die Beigabe von Angelikablättern süßer, so daß man beim Kochen weniger Zucker braucht. Kuchen, Torten und Cremespeisen erhalten durch kandierte Angelikastengel ein herrliches Aroma. Angelika wird speziell im Loire-Tal angebaut; die Städte Nevers und Niort sind das Zentrum für die Herstellung des kandierten Krauts. Spezialitäten der Region sind ein Kräuterlikör mit Angelika-Aroma und ein *gâteau* mit Eischnee und kandiertem Angelika.

ANBAU: Winterfeste, zweijährige Pflanze. In reichhaltigen, feuchten Boden setzen, an einen sonnigen oder halbschattigen Platz. Durch Entfernen der Blüten kann man den Blattwuchs unterstützen. Die Blätter müssen unbedingt vor der hochsommerlichen Blütezeit zum Trocknen geerntet werden.

ANIS
ANIS

Das Kraut wird vor allem wegen der Samenkörner angepflanzt, doch die fedrigen Blätter schmecken sehr gut im Salat. Die dunkelgrünen getrockneten Anissamen sind in den Kräuterregalen der meisten Geschäfte zu finden. Anis paßt gut zu Wurzelgemüse, wird jedoch vor allem zum Aromatisieren von Gebäck verwendet, wie im Elsaß, oder zum Würzen reichhaltiger Brotsorten, wie in der Provence. Das Anisaroma bildet die Grundlage mancher Aperitifs, die mit Wasser verdünnt werden, wie Pernod. Anisette ist ein französischer Anislikör.

ANBAU: Zarte, einjährige Pflanze. Zum Reifen der Anissamen bedarf es

ANIS – *Die fedrigen grünen Blätter und gelben Blüten des Aniskrauts zieren das Etikett des Anisette-Likörs.*

eines heißen Klimas. Doch man kann das Kraut auch wegen seiner duftenden Blätter anbauen, indem man es im späten Frühjahr aussät, in lockerem Boden und an einem sonnigen, geschützten Platz.

BASILIKUM
BASILIC COMMUN

Dieses intensive, aromatische Kraut, dessen Duft ein wenig an Gewürznelken erinnert, wird in der provenzalischen Küche sehr häufig verwendet. Basilikum sollte man ausschließlich frisch verwenden, da das kräftige Aroma beim Trocknen größtenteils verlorengeht. Man kann das Aroma allerdings auch außerhalb der Jahreszeit in einer Kräuterbutter, in Öl oder Essig konservieren. Basilikum bildet einen der Hauptbestandteile des Genueser Pesto, einer Kräutersauce, deren französische Version, *pistou*, eine Spezialität aus Nizza ist. Basilikum schmeckt hervorragend in den meisten Salaten

und paßt besonders gut zu Tomaten, aber auch zu Huhn, Lamm und manchem Fisch in Öl. In der französischen Küche wird eine Basilikumsorte mit mittelgroßen Blättern verwendet, doch auch die großblättrige italienische und die kleinblättrige griechische Sorte eignen sich zum Kochen. Opal-Basilikum mit violetten Blättern ist weniger aromatisch, dafür aber sehr dekorativ in Salaten.

ANBAU: Zarte, einjährige Pflanze, die man im späten Frühjahr anpflanzt, in gut entwässertem Boden, an einem warmen, geschützten Platz. Nicht zuviel gießen. Bis zum Einsetzen des Herbstfrosts soll man die Blätter immer frisch gepflückt verwenden. Wenn man viel abgepflückt hat, sollte man das Kraut zurückschneiden, um es zu neuem Wachstum anzuregen.

BOHNENKRAUT
SARRIETTE

Von diesem Kraut gibt es zwei Hauptsorten: Das einjährige Sommerbohnenkraut mit weißen Blüten und das mehrjährige Winterbohnenkraut mit lavendelblauen Blüten. In der Provence wächst auch eine wilde Bohnenkrautsorte, die *poivre d'âne* genannt wird. Das Kraut hat einen leicht bitteren Geschmack, der dem des Thymians ähnelt. Sommerbohnenkraut wird traditionsgemäß neben dicken Bohnen angepflanzt, mit denen es auch gekocht wird. Winterbohnenkraut hat einen gröberen, pfeffrigen Geschmack; es wird manchmal den Gemüsezutaten des Schmorbratens beigegeben.

ANBAU: Winterfeste, einjährige und mehrjährige Pflanze. Sowohl Sommer- als auch Winterbohnenkraut pflanzt man an einen sonnigen, gut entwässerten Platz. Winterbohnenkraut sollte man alle zwei bis drei Jahre auswechseln.

BORRETSCH
BOURRACHE

Ein sehr dekorativ wirkendes Kraut mit mattgrünen flaumigen Blättern und schönen leuchtendblauen Blüten. Borretschblüten schmecken nach Gurken und werden zum Garnieren von Salaten verwendet. Blüten und Blätter vom Borretsch kann man in Eierteig tunken und ausbacken. Die jungen Blätter können als Zugabe zu Salat verwendet oder zu einem Kräutertee aufgebrüht werden.
ANBAU: Winterfeste, einjährige Pflanze. Aussaat im Frühling, an einem gut entwässerten, sonnigen oder halbschattigen Platz. Nach zwei Wochen sind die Pflanzen erntereif, und da man nur die jungen Blätter verwenden sollte, empfiehlt sich eine zweite Aussaat im Frühsommer. Borretschblätter lassen sich nicht gut trocknen, können aber eingefroren werden.

DILL
ANETH

Obwohl die Dillpflanze aus der Mittelmeergegend stammt, nimmt sie keinen großen Platz in der traditionellen französischen Küche ein. Neuerdings findet das Kraut jedoch immer mehr Verwendung in den Rezepten der Meisterköche, vor allem beim Räuchern von rohem Fisch, besonders von Lachs. Gehackter Dill paßt gut in eine *vinaigrette* für Kartoffeln oder Salat. Dillblüten werden zum Würzen beim Einlegen von Gurken oder beim Herstellen von Kräuteressig verwendet.
ANBAU: Winterfeste, einjährige Pflanze. Um den ganzen Sommer und Herbst reichlich Dill ernten zu können, sollte man ihn vom Frühling bis zum Hochsommer jeden Monat an einem sonnigen Platz ansäen. Jeweils nach zwei Monaten sind die Blätter reif zum Pflücken. Die Dillsamen können ebenfalls geerntet werden.

ESTRAGON
ESTRAGON

Man unterschiedet zwei verschiedene Sorten Estragon. Der bittere russische Estragon hat ein grobes, wenig ausgeprägtes Aroma und lohnt daher nicht den Anbau als Küchenkraut. Französischer Estragon hingegen hat ein delikates, erfrischendes Aroma, das an Anis erinnert, und ist in der guten Küche unentbehrlich.
Estragon ist eine Sommerpflanze und paßt deshalb sehr gut zu vielen sommerlichen Speisen. Er ist ein Bestandteil der klassischen *fines herbes*. In Frankreich nimmt man ihn besonders gern zum Würzen von Huhn, doch er paßt auch wunderbar zu gedünstetem Gemüse, vor allem in Form von Estragonbutter, die man erst kurz vor dem Auftragen hinzufügt. Frische Estragonblätter dienen als Gewürz für Kräuteressig, den man zum Salat gibt.
ANBAU: Winterfeste, mehrjährige Pflanze. An einem gut entwässerten, sonnigen Platz anpflanzen. Beim Überwintern muß Estragon vor Frost und Feuchtigkeit geschützt werden. Die Stengel sterben sonst leicht ab, das Kraut treibt kaum Blüten.

FENCHEL
FENOUIL

Dieses anisartig duftende Kraut wächst in der ganzen Provence wild. Es wird zum Suppengemüse für einen Fischsud beigegeben und dient kleingehackt als Saucen- oder Mayonnaisenzutat. Die berühmte *loup de mer grillade au fenouil* wird über einem Feuer aus den getrockneten Fenchelstrünken des Vorjahres gegrillt. In Kräutergärten sieht man außer der grünblättrigen auch eine Fenchelsorte mit hübschen bronzefarbenen Blättern. Getrocknete Fenchelsamen werden nicht so häufig verwendet, obwohl es bei La Va-

renne ein Rezept für Fenchelsamen mit Zuckerguß gibt.
ANBAU: Winterfeste, mehrjährige Pflanze. An einem sonnigen Platz anpflanzen und viel gießen. Die Blüten müssen abgepflückt werden, sobald sie erscheinen, es sei denn, man möchte die Samen ernten. Auch im Winter kann man Fenchelkraut ernten, wenn man ein paar Knollen im Gewächshaus oder an einem kühlen Platz im Haus einpflanzt.

KAMILLE
CAMOMILLE

Die echte Kamille ist ein einjähriges Kraut. Man findet sie oft in älteren Kräutergärten oder in den Heilkräutergärten alter Klöster. Die Blüten der Kamille, die wie Gänseblümchen aussehen, werden getrocknet verkauft und ergeben einen wohltuenden, leicht bitteren Kräutertee.
ANBAU: Winterfeste, mehrjährige Pflanze, die am besten an einem sonnigen, gut entwässerten Platz wächst. Kamillen blühen vom Hochsommer bis zum Frühherbst und können während dieser Zeit geerntet und getrocknet werden.

KAPERN
CAPRE

Kapern sind die eingelegten Knospen kleiner Büsche, die in vielen Mittelmeerländern wild wachsen. Die großen Kapern kommen meistens aus Spanien oder Nordafrika, die kleinen aromatischen werden im Gebiet der Rhône-Mündung und der Var angebaut. In ganz Frankreich ist diese Sorte in Gläsern erhältlich oder wird auf den Märkten lose aus Holzfässern mit Salzlake verkauft. Kapern sind ein pikantes Gewürz für Saucen, wie z.B. *tapenade*, für Marinaden oder für Füllungen von Fleisch, Fisch und Gemüse. Auch zur Herstellung

SCHNITTLAUCH

der klassischen französischen Saucen – *gribiche, ravigote, remoulade, tartare* – werden Kapern verwendet.

KAPUZINERKRESSE
CAPUCINE

Dieses einjährige Kraut kann auch als Gartenblume angepflanzt werden. In Südfrankreich wird Kapuzinerkresse oft unter Feigenbäumen angesät. Sowohl die Blätter als auch die Blüten sind eßbar, und die grünen Samen können als eine Art Kapernersatz sauer eingelegt werden. Die Blätter kann man wie Weinblätter mit einer Füllung kochen. Die Blüten dienen zum Garnieren von Salaten. Aus den Blüten der Kapuzinerkresse läßt sich auch ein köstlicher Essig mit pfeffrigem Aroma herstellen, der die Farbe der Blüten annimmt.

ANBAU: Winterfeste, einjährige Pflanze. Kapuzinerkresse läßt sich leicht aus Samen ziehen und sät sich selbst weiter aus. Aussaat an einem sonnigen Platz, in reichhaltigem Boden, der das Blattwachstum begünstigt, während ein kargerer Boden mehr Blüten ergibt.

KERBEL
CERFEUIL

Kerbel wird in der französischen Küche ausgiebig verwendet. Die fedrigen Kerbelblätter mit ihrem delikaten, anisartigen Aroma werden feingehackt über Suppen oder Gemüse gestreut, und die jungen Blätter – *pluches* genannt – schmecken köstlich im Salat. Zusammen mit Petersilie, Schnittlauch und Estragon ist Kerbel ein Bestandteil der *fines herbes*-Kräutermischung, mit der man Omeletts würzt oder gegrillte Steaks garniert. Kerbel ergibt auch einen ausgezeichneten Kräuteressig.

ANBAU: Winterharte, einjährige Pflanze. Wenn man zwischen Frühjahr und Spätsommer die Samen an einem sonnigen oder halbschattigen Standort in die Erde gibt, kann man bereits nach zwei Monaten die Blätter zum Kochen verwenden. Während der Herbst- und Wintermonate kann man auch im Haus neue Pflanzen ziehen. Um das ganzjährige Blattwachstum anzuregen, werden die Blütenansätze entfernt.

KNOBLAUCH
AIL

In ganz Frankreich wird mit Knoblauch gekocht, doch im Süden, wo er angebaut wird, ist sein Aroma für die Küche besonders charakteristisch. Man kann Knoblauchknollen an einem kühlen Ort bis zu zwei Jahren aufbewahren, doch die meisten Leute brauchen ihren Vorrat rechtzeitig bis zur neuen Ernte auf. Im Hochsommer wird der frisch geerntete grüne Knoblauch, der milder schmeckt, zur Herstellung von Suppen verwendet. In der Provence und im Languedoc gibt man geschälte Knoblauchzehen in die Marinaden für die berühmten ortstypischen *daubes* und *ragoûts*. Das *aïoli*, eine mit viel Knoblauch angereicherte Mayonnaise, wird im Midi oft zu Fleisch- und Fischgerichten gereicht. Knoblauchfreunde verwenden das Gewürz immer recht großzügig. Es ergibt einen delikaten Essig, kann aber auch, auf kleinem Feuer gedünstet, als köstliche Gemüsebeilage gereicht werden.

ANBAU: Mehrjähriges Knollengewächs. Man pflanzt die Knollen im Frühjahr in feuchten Boden, vorzugsweise in sonniger Lage. Zur Ernte werden die Pflanzen im Spätsommer vorsichtig ausgegraben. Zum Trocknen werden die Knoblauchknollen an der Sonne oder an einem sehr trockenen Platz im Haus ausgelegt.

KORIANDER
CORIANDRE

Dem nordafrikanischen Einfluß ist es zu verdanken, daß Koriander heute in Frankreich häufiger angebaut und verwendet wird. Seine hübschen, petersilieähnlichen Blätter haben ein sehr ausgeprägtes und, wie ich meine, köstliches Aroma. Das Gewürz wird zumeist in Speisen verwendet, die aus den französischen Kolonien stammen. Die kleinen, runden Samenkörner haben ein pikantes, an Orangen erinnerndes Aroma. Feingemahlen dienen sie als Gewürz für *charcuterie* (Wurstwaren), für manche Gemüsesorten, wie z. B. Pilze, oder zum Aromatisieren von Kuchen.

ANBAU: Winterfeste, einjährige Pflanze. Ansaat im Frühjahr an einem sonnigen Platz. Häufiges Gießen fördert den Blattwuchs von der Wurzel auf. Die Samenkörner werden im Herbst geerntet, wenn die Pflänzchen einen würzigen Duft entwickeln. Dann werden die Körner auf einem Tablett oder einer Fensterbank getrocknet und schließlich in einen luftdichten Behälter gefüllt.

KREUZKÜMMEL
CUMIN

In manchen Gegenden von Paris oder Marseille ist der Duft von gemahlenem Kreuzkümmel beinahe allgegenwärtig. Das Kraut gedeiht nur in einem warmen Klima und ist in gewöhnlichen Kräutergärten nur selten zu finden. Doch die länglichen braunen Samenkörner sind ganz oder gemahlen überall erhältlich. Kreuzkümmel wird für *couscous* und andere nordafrikanische Speisen oder zum Würzen bestimmter Brotsorten verwendet.
ANBAU: Zarte, einjährige Pflanze. Kreuzkümmel wächst nur an sehr sonnigen, geschützten Plätzen. Aussaat im späten Frühjahr, wenn die Frostgefahr vorüber ist. Die Körner müssen so frisch wie möglich geerntet werden.

KÜMMEL
CUMIN DES PRÉS

Kümmel hat hübsche, fedrige Blätter, die an Kerbel erinnern. Sie schmekken herrlich in Salaten und werden ganz oder gehackt zum Garnieren von Gemüse verwendet. Das Kraut wird jedoch hauptsächlich wegen der Samenkörner angepflanzt, die ein sehr ausgeprägtes Aroma besitzen. Kümmelkörner werden häufig in der elsässischen Küche verwendet, vor allem in Kohl- oder Kartoffelgerichten sowie in Kuchen und Gebäck.
ANBAU: Winterfeste, zweijährige Pflanze. Im Spätsommer kann man bereits die Samen aus der Frühjahrssaat ernten, doch es ist besser, den Kümmel im Frühherbst des Vorjahres auszusäen. Die erntereifen Pflanzen schneidet man dicht über dem Boden ab und hängt sie in kleinen Bündeln zum Trocknen auf. Unter die Sträußchen legt man Papierbögen oder ein Tablett, um die Samenkörner aufzufangen.

LAVENDEL
LAVANDE

Ausgedehnte Lavendelfelder mit duftenden lila Blüten über graugrünem Blattwerk bieten in der Provence einen herrlichen Anblick. Der Lavendel wird in Frankreich hauptsächlich zu Lavendelöl für die Parfum- und Kosmetikindustrie verarbeitet.
Von den Bienen, die an den Blüten des Krauts Nektar sammeln, wird in der Provence schon seit Jahrhunderten ein köstlicher Lavendelhonig gewonnen.
ANBAU: Winterfester immergrüner Strauch. An einem sonnigen, gut entwässerten Platz anpflanzen. Zum Trocknen werden die Lavendelblüten gepflückt, bevor die Knospen sich ganz geöffnet haben. Alle fünf oder sechs Jahre sollte man die Pflanzen erneuern.

LIEBSTÖCKEL
LIVÈCHE

Eine hübsche, hochgewachsene Pflanze mit gezackten, wohlschmekkenden Blättern, die in Suppen oder, zusammen mit einem Lorbeerblatt und einer dünnen Lauchstange, als Bouquet garni verwendet werden. Junge Liebstöckelblätter werden dem Kopfsalat beigegeben, und die Stengel werden in manchen Gegenden wie Stangensellerie zubereitet.
Getrocknete Liebstöckelwurzeln und Samenkörner werden zum Würzen von Brot und Gebäck verwendet.
ANBAU: Winterfeste, mehrjährige Pflanze. Aussaat in nährstoffreichem Boden an einem sonnigen Platz. Während des Sommers sollte man die Blüten regelmäßig entfernen, um den Blattwuchs anzuregen. Die Blätter lassen sich nicht gut trocknen, können aber eingefroren werden.

FENCHEL

LÖWENZAHN
PISSENLIT

Die bitter schmeckenden Löwenzahnblätter werden als Kraut oder als Gemüse verwendet. In der ländlichen Küche werden einige Löwenzahnblätter zusammen mit anderen Kräutern in heißem Wasser blanchiert und zu einer grünen Sauce verarbeitet, die man zu Fisch reicht. Die Blätter des wildwachsenden Löwenzahns eignen sich kaum zum Verzehr, da sie zu bitter sind. Doch eine neue Sorte mit fleischigeren Blättern wird speziell als Küchenkraut angebaut. Eine Woche, bevor man sie schneidet, wird die Pflanze mit einem umgestülpten Blumentopf abgedeckt, um sie vom Licht abzuschirmen. Dadurch werden die Blätter gebleicht und entbittert, was den Geschmack entschieden verbessert.
Löwenzahnsalat mit gebratenen Speckwürfeln ist in vielen Gegenden Frankreichs beliebt. In der Provence gibt es einen gemischten grünen Wintersalat mit Löwenzahnblättern, der *mesclun* heißt.
ANBAU: Winterfeste, mehrjährige Pflanze. Man kann zwar auch wilden Löwenzahn essen, doch es ist oft

leichter, ihn auszusäen, am besten im Frühjahr, an einem sonnigen Platz. Dann kann man die Blätter später besser bleichen (siehe oben).

LORBEER
LAURIER

Das Lorbeerblatt wird oft als das typischste Gewürz der französischen Küche bezeichnet. Es hat einen delikaten, leicht balsamischen Duft, der bei frischen Lorbeerblättern an Zitrone und Muskatnuß erinnert. Die getrockneten Blätter haben ein würzigeres, etwas herbes Aroma, das doppelt so intensiv ist wie bei frischen Blättern. Lorbeerblätter werden in allen Gegenden Frankreichs zum Würzen von Suppen, Saucen und diversen Süßspeisen und Cremes verwendet. Ein Lorbeerblatt mit Petersilie und Thymian ergibt das klassische Bouquet garni.
ANBAU: Winterfester, immergrüner Strauch. An einem sonnigen, geschützten Platz anpflanzen. Junge Lorbeerpflanzen müssen besonders vor Kälte geschützt werden. Wenn der Strauch sich entwickelt hat, kann man das ganze Jahr lang Blätter abpflücken.

MAJORAN
MARJOLAINE

Der botanische Name für alle Majoransorten lautet *Origanum*. Süßer Majoran oder Knotenmajoran ist ein einjähriges Kraut, das gern zum Würzen von Fleisch oder bestimmten Wurstwaren verwendet wird. Die Blätter des mehrjährigen Topfmajorans sind weniger aromatisch. Wilder Majoran, auch Oregano genannt, wächst überall in der Provence und

ZITRONENMELISSE – *Ein Büschel aromatischer Zitronenmelisse wächst zwischen Minze, Gartenraute, Salbei und weißem Fieberkraut.*

wird in der südfranzösischen Küche häufig verwendet.

Majoran kann man ebensogut frisch wie getrocknet verwenden. Er paßt zu vielen Fleischsorten, zu Wurst und Pasteten.
ANBAU: Einjähriges und mehrjähriges Kraut. In gut entwässerten Boden an einen sonnigen Platz setzen. Wenn das Kraut anfängt zu wuchern, muß es zurückgeschnitten werden. Ein- oder zweimal im Jahr sollte man es weit herunt-schneiden, um frischen Blattwuchs zu fördern. Die Blätter zum Trocknen oder Einfrieren müssen vor der Mittsommerblüte gepflückt werden.

MEERRETTICH
RAIFORT

Obwohl ein paar kleine, junge Blättchen von diesem Kraut manchmal

über grünen Salat gestreut werden, verwendet man vor allem die lange weiße Wurzel. Sie wird gesäubert, geschält und geraspelt. Meerrettich wird vor allem in der nordfranzösischen Küche verwendet. Die feingeriebene Wurzel wird mit saurer Sahne und Zitronensaft oder mit Apfelmus vermischt und ergibt eine köstliche scharfe Sauce zu Rindfleisch oder Würstchen. Das ausgeprägte Aroma von Meerrettich ist gut zur Herstellung von Kräuteressig oder Kräuterbutter geeignet.
ANBAU: Winterfeste, mehrjährige Pflanze. Meerrettich wächst fast überall, gedeiht jedoch am besten in reichhaltigem Boden oder im Halbschatten. Kleine Wurzelstücke werden im Frühjahr oder im Herbst angepflanzt und brauchen zwei Jahre zum Reifen. Man erntet die Meerrettichwurzeln im Spätherbst.

MINZE
MENTHE

Minze wird in der französischen Küche viel seltener verwendet als in England, doch auch in Frankreich gewinnt das Kraut langsam an Beliebtheit. Die klassische *sauce paloise* ist eine Béarnaise-Sauce, die mit Minze gewürzt und zu Lamm gereicht wird. Junge Minzeblätter werden manchmal zum Aromatisieren von gemischtem Salat oder Gemüse verwendet, und *Crème de Menthe*-Likör wird vielen Süßspeisen beigegeben. Pfefferminztee ist verdauungsfördernd und wird gern statt Kaffee nach einem späten Abendessen gereicht.
ANBAU: Winterfeste, mehrjährige Pflanze. Minze gedeiht am besten in einem nährstoffreichen Boden an einem eher schattigen Platz. Sie

DER KÜCHENGARTEN – *Wenn man in diesem Haus bei Paris frische Kräuter zum Kochen braucht, kann man sie jederzeit aus dem Garten holen.*

braucht nicht viel Pflege, man muß nur die Blüten entfernen und einer zu starken Wucherung Einhalt gebieten – am besten pflanzt man sie in einen Topf oder einen Eimer, den man in den Boden eingräbt. Um den ganzen Winter frische Minze ernten zu können, setzt man im Haus ein paar Blumentöpfe mit Minze auf das Fensterbrett.

MUSKATSALBEI
TOUTE-BONNE

Diese Pflanze ist selten in Kräutergärten zu finden, da sie vornehmlich als Heilkraut angepflanzt wird. Früher wurde ein Sud aus den Blättern gegen Augenentzündungen angewandt. Die mattgrünen, pelzigen Blätter haben ein feines Aroma, das an Salbei erinnert. Man kann die jungen, zarten Blätter in Streifen schneiden und einem grünen Salat beifügen. Die Blätter ähneln denen des Kerbels und wurden früher ebenso wie Kerbelblätter in Eierteig getunkt und ausgebacken.
ANBAU: Winterfeste, mehrjährige Pflanze. In gut entwässertem, reichhaltigem Boden an einem sonnigen Platz anpflanzen. Die Blätter sollten am besten frisch verwendet werden, man kann sie aber auch trocknen oder einfrieren.

OREGANO
ORIGAN

Bei diesem Kraut handelt es sich um die wildwachsende Majoransorte. Frisch oder getrocknet wird Oregano in der Gegend von Nizza in vielen Gerichten italienischen Ursprungs verwendet. Oregano paßt besonders gut zu Tomaten, Gerichten mit überbackenem Käse und scharf gewürztem Fleisch. Der buntgescheckte Oregano wächst im Kräutergarten zu einem hübschen runden Strauch. Siehe auch unter Majoran.

PELARGONIE
PELARGONIUM

Seit über einem Jahrhundert werden Pelargonien oder Duftgeranien in der Gegend von Grasse für die Parfumindustrie angebaut. Pelargonienblüten sind geruchlos, doch die Blätter duften nach Rosen. Ausgepreßt ergeben sie ein aromatisches Öl, das auch die Speisen durchdringt, in denen die Blätter mitgekocht werden. Kuchen, Süßigkeiten und Eis können mit Pelargonienblättern aromatisiert werden. Beim Einkochen von Brombeergelee empfiehlt es sich, zwei oder drei Pelargonienblätter pro Pfund Brombeeren beizufügen.
Pelargonien zieht man am besten im Haus auf dem Fensterbrett oder im Blumengarten.
ANBAU: Zarte, mehrjährige Pflanze. Im Blumentopf auf dem Fensterbrett anpflanzen. Wenn man Pelar-

MINZE

gonien draußen anpflanzt, sollte man sie im Haus überwintern lassen, wenn das Klima nicht sehr warm ist. Um den Blattwuchs zu fördern, muß man die Blüten entfernen.

PETERSILIE
PERSIL

In der französischen Küche spielt dieses Kraut eine wichtige Rolle. Sowohl die krause (frisé) als auch die glatte Sorte (commun oder d'Italie) werden in vielen Gerichten verwendet. Ein Zweig Petersilie gehört in das klassische Bouquet garni und ist auch ein Bestandteil der fines herbes-Kräutermischung. Kein Kraut wird so oft mit anderen Kräutern zusammen verwendet wie Petersilie. Das Aroma ist in den Stengeln und den Blättern gleich ausgeprägt. Eine Sahnesauce, die nur mit Petersilie gewürzt ist, besitzt ein unvergleichlich frisches Aroma.
Wie bei den meisten Kräutern bleibt auch das Aroma der Petersilie am besten erhalten, wenn man sie erst im letzten Moment hackt, bevor man sie einem Gericht hinzufügt.
Petersilienblätter eignen sich besonders gut zum Garnieren, in naturbelassener Form weit besser als gehackt.
Kleingehackte Petersilie braucht man für die persillade, eine Mischung aus Petersilie, feingehackten Schalotten und abgeschabter Zitronenschale, die kurz vor Ende der Kochzeit einem Fisch- oder Kalbfleischgericht beigegeben wird.
ANBAU: Winterfestes, mehrjähriges Kraut. Aussaat im Frühjahr, an einem sonnigen Platz. Petersilie erneuert sich immer wieder von selbst nach dem Schneiden, deswegen braucht man nicht viele Pflanzen. Sie ist schwer zu trocknen, kann aber eingefroren werden. Um das ganze Jahr Petersilie ernten zu können, läßt man vom Herbst an einige Pflanzen im Haus überwintern.

PIMPINELLE
GRANDE PIMPRENELLE

Ein vielfach wildwachsendes Kraut mit paarweise gesetzten gezahnten Blättchen. Seit dem 18. Jahrhundert gehört es in Frankreich zu den *fines herbes*, die blanchiert und gehackt werden, entweder für eine Kräuterfüllung oder für eine *ravigote*- oder *chivry*-Sauce. Heutzutage werden die jungen Blätter in Südfrankreich vor allem in gemischten Salaten verwendet. Manchmal nimmt man Pimpinelle auch zum Würzen von Essig. Wie Borretsch schmeckt auch Pimpinelle ein wenig nach Gurken.
ANBAU: Winterfestes, mehrjähriges Kraut. Man pflanzt es in feuchten Boden an einen sonnigen oder halbschattigen Platz. Während des Wachstums häufig gießen. Durch Zurückschneiden wird der Blattwuchs gefördert.

PORTULAK
POURPIER

Ein Kraut mit fleischigen, mittelgrünen oder gelblich-grünen Blättern, das in manchen Gegenden der Provence wild wächst. Die wohlschmeckenden, leicht nußartigen Portulakblätter werden im Salat verwendet oder wie Spinat gekocht. In Südfrankreich war Portulak einst sehr beliebt; aus dem 19. Jahrhundert sind Rezepte für Portulak-Gratin und für eine Portulak-Sauce überliefert. Seit einiger Zeit wird das Kraut wieder häufiger verwendet. Sowohl der grüne als auch der goldfarbene Portulak sind schnell und leicht zu züchten.
ANBAU: Winterfeste, einjährige Pflanze. Aussaat im Frühjahr an einem feuchten, halbschattigen Platz. Nach sechs Wochen sind die Blätter schon erntereif. Man muß die Pflanze ab und zu gießen, wenn sie anfängt zu welken.

RINGELBLUME
SOUCI

Die jungen Blätter der Ringelblume können im Salat verwendet werden. Die orangefarbenen und gelben Blüten kann man über den Salat streuen; früher benutzte man sie zum Gelbfärben der Butter. Man kann auch Creme-, Milch- und Süßspeisen damit dekorieren. Im Sommer verwendet man frische Blüten, und den Rest des Jahres sind sie meist getrocknet auf dem Markt erhältlich.
ANBAU: Meist winterfeste, einjährige Pflanze. Ringelblumensamen kann man in jeder Art von Boden aussäen, doch immer an einem sonnigen Platz. Das Kraut sät sich von selbst weiter aus, doch im Schatten wachsen die Pflanzen zu hoch. Die Blüten erscheinen ab dem späten Frühjahr.

OREGANO

ROCAMBOLE
ROCAMBOLE

Je nach Jahreszeit und Art der Pflanzung entwickelt sich diese milde Knoblauchsorte wie der typische Knoblauch zu einer in Zehen unterteilten Knolle oder zu einer mehr der Zwiebel ähnlichen Knolle. Am Stengel können sich auch kleine, unreife Knöllchen knapp über dem Boden entwickeln. Rocambole wurde früher häufig in Südfrankreich angebaut und erscheint in Rezepten aus dem 19. Jh., doch heutzutage findet man die Pflanze nur noch in sehr wenigen Kräutergärten. Es wäre sinnvoll, den Anbau von Rocambole wieder aufzunehmen, da man die Knollen anstelle von Zwiebeln verwenden kann. Siehe auch unter Knoblauch.

ROCHETTA, RAUKE
ROQUETTE

Die dunkelgrünen vielblättrigen Rochettapflanzen haben ein sehr ausgeprägtes Aroma, das an Erdnüsse erinnert. Rocchetta paßt gut in grünen gemischten Salat; schon einige Blätter veredeln jeden Kopfsalat. Das Kraut gehört zu den Zutaten des provenzalischen Blattsalats *mesclun*, und die weißen Blüten kann man zur Dekoration von Salaten verwenden.
ANBAU: Winterfeste, einjährige Pflanze. Um immer genügend Blätter ernten zu können, sät man das Kraut vom Frühjahrsanfang bis zum Frühsommer regelmäßig in gut gewässertem Boden aus. Das Entfernen der blühenden Stengel fördert den Blattwuchs.

ROSMARIN
ROMARIN

Dieser hübsche immergrüne Strauch mit graugrünen, nadelförmigen Blättern trägt im Frühsommer hellblaue – bei einigen Varianten auch rosa oder weiße – Blüten, die in Abständen das ganze Jahr über wiederkehren. Rosmarinblätter werden zum Würzen von Grill- oder Bratenfleisch verwendet und eignen sich besonders für Lamm und Kalbfleisch. Die jungen Zweige dieses Krauts kann man als Fleisch-, Fisch- oder Gemüsespießchen verwenden, vor allem beim Freiluftgrillen. In Südfrankreich wächst der Rosmarin wild. Er bildet eins der Bestandteile der *herbes de Provence*-Kräutermischung. Frisch hat das Kraut ein zarteres Aroma als in getrockneter Form.

ANBAU: Winterfester immergrüner Strauch. An einem gut entwässerten Platz in sonniger Lage anpflanzen.

SALBEI
SAUGE

Dieses immergrüne Kraut mit samtig grauen Blättern wächst in der Mittelmeergegend wild. Sein ausgeprägtes Aroma paßt gut zu Schweinefleisch und Kalbfleisch und wird zum Würzen mancher Wurstsorten verwendet.

In der nördlichen Provence dienen sowohl die Blätter als auch die tiefblauen Blüten als Aromaspender für einen klaren Schnaps *(eau-de-vie)*. Die Blüten nimmt man auch zum Dekorieren von Salaten. Es gibt verschiedene Salbeivarianten, mit roten, gescheckten oder dreifarbigen Blättern, doch die graublättrige Sorte ist die aromatischste. Mit Salbei sollte man immer sparsam würzen. Frische Blätter sind den getrockneten vorzuziehen, deren Aroma nach einiger Zeit nachläßt.

ANBAU: Winterfester immergrüner Strauch. An einem sonnigen, gut entwässerten Platz anpflanzen. Regelmäßig beschneiden und alle drei bis vier Jahre neu setzen.

SAUERAMPFER
OSEILLE

Sauerampfer wird überall in Frankreich angebaut. Die frischen Blätter sind leuchtend grün und knackig, doch wie Spinatblätter welken sie

SOMMERBOHNENKRAUT – *Beide Sorten schmecken ähnlich wie Thymian, doch das Winterbohnenkraut ist etwas schärfer.*

schnell. Jungen Sauerampfer verwendet man für Salate; sein säuerliches Aroma veredelt grünen Salat auf angenehme Weise. Gekocht schrumpfen die Blätter stark zusammen und werden zu einem olivgrünen Püree, das eine wunderbare Beilage zu kräftigen Speisen ist und die Grundlage für viele Saucen, die zu Fisch und Eiern gereicht werden, sowie für die klassische Sauerampfersuppe bildet. Ein paar Blatt Sauerampfer werden gern im Spinat mitgekocht.

ANBAU: Winterfeste, mehrjährige Pflanze. In reichhaltigem, feuchtem Boden anpflanzen, an einem sonnigen oder halbschattigen Platz. Sauerampfer sät sich leicht von selbst aus. Alle Blütentriebe stehen lassen, da sie den Blattwuchs zu begünstigen scheinen.

SCHNITTLAUCH
CIBOULETTE, CIVETTE, CIVES

Schon seit dem 17. Jahrhundert verwendet man Schnittlauch wegen des delikaten Zwiebelaromas gern in Saucen und Salaten. In älteren Rezepten

hat man oft die Wahl zwischen Schnittlauch und Frühlingszwiebeln, das Schnittlaucharoma ist jedoch viel ausgeprägter. Es paßt besonders gut zu Eiern und Sahne. Feingehackter, leuchtend grüner Schnittlauch eignet sich ebensogut zum Garnieren wie Petersilie. Im Kräutergarten wird das Kraut gern als Bordüre an den Rand gepflanzt. Im Juni und Juli trägt der Schnittlauch lila Blüten, die eßbar sind und dem Salat ganz oder zerfasert beigefügt werden können.

ANBAU: Winterfeste, mehrjährige Pflanze. Schnittlauch ist leicht zu züchten und wächst schnell, auch in Blumenkästen. Aussaat in fruchtbarem, gut entwässerten Boden an einem sonnigen oder halbschattigen Platz. Im Winter sterben die Halme völlig ab, kommen aber im folgenden Frühjahr wieder.

SPANISCHER KERBEL
CERFEUIL D'ESPAGNE

Die fedrigen Blätter dieses hochgewachsenen Krauts schmecken leicht nach Anis und Lakritz. Wie Angelika hat auch dieses Kraut eine süßende Wirkung auf saure Früchte. Die jungen Blätter wirken sehr dekorativ in jedem grünen Salat. Spanischer Kerbel gehört zur Familie der Umbelliferen. Im Kräuterbeet sollte man ihn wegen seiner Größe hinten anpflanzen.

ANBAU: Mehrjähriges Kraut. An einen feuchten, schattigen Platz setzen.

THYMIAN
THYM

Dieses ausgeprägte aromatische Kraut eignet sich besonders gut zum Trocknen. In Frankreich gibt es getrockneten Thymian auch in Pulverform, was z. B. zum Würzen von Saucen sehr nützlich ist. Ich ziehe allerdings grundsätzlich frische Kräuter vor; manche Thymiansorten, wie Zitronenthymian *(thym de citron)*, verlieren durch das Trocknen viel von ihrem charakteristischen

Aroma. Ein Thymianzweig darf im klassischen Bouquet garni nicht fehlen. Wegen seines kräftigen Geschmacks sollte Thymian immer sparsam verwendet werden. In der französischen Küche wird dieses Kraut sehr vielen Fleischgerichten beigegeben. Besonders in der provenzalischen Küche wird viel Thymian verwendet, und in ganz Frankreich ist es eins der Hauptgewürze für Wurstwaren. Im Midi wächst überall der *serpolet* genannte wilde Thymian. In der Provence nennt man ihn *farigoule* oder *frigolet*.

ANBAU: Winterfester, immergrüner Strauch. In gut entwässertem Boden an einem warmen, geschützten Platz anpflanzen. Im kalten Klima muß man die Pflanzen zum Überwintern ins Haus stellen. Junge Thymianblätter sind am aromatischsten.

VERBENA
UND EISENKRAUT
VERVEINE ODORANTE
ET VERVEINE OFFICINALE

Verbenenduft ähnelt dem der Zitrone. In Frankreich wird Verbena *(Lippia citriodora)* wegen der aromatischen Öle für die Kosmetikindustrie angebaut. Verbenenblätter ergeben einen erfrischenden Kräutertee und werden auch für Süßspeisen verwendet. Zusammen mit Zitronensaft erinnert das Verbenenaroma sehr stark an frische Limonen. Allein schon wegen des Dufts lohnt es sich, Verbena im Kräutergarten anzupflanzen.

Obwohl es derselben Familie angehört, wird das Eisenkraut *(Verbena officinalis)* kaum als Küchenkraut verwendet; es dient vor allem als Heilkraut. Doch mitten in Le Puy, der Hauptstadt des Massif Central, verkündet ein großes Neonschild *Verveine du Velay:* Es handelt sich um den berühmten Eisenkrautlikör, der in dieser Gegend hergestellt wird. Vielleicht hängt seine Beliebtheit damit zusammen, daß Eisenkrauttee früher als Aphrodisiakum galt.

VERBENA – *Aus den Blättern dieser Pflanze wird Likör hergestellt, sehr beliebt ist auch Verbenentee.*

ANBAU: Zarte bzw. winterfeste, mehrjährige Pflanze. Verbena pflanzt man in gut entwässertem Boden an einem sehr sonnigen, geschützten Platz. In kühlerem Klima sollte man die Pflanze im Winter abdecken. Auch Eisenkraut wird an einen sonnigen, gut entwässerten Platz gesetzt. Obgleich es mehrjährig gedeiht, ist sein Aroma im ersten Jahr am stärksten.

WACHOLDER
GENIÈVRE

Der stachelige Wacholderbusch trägt kleine schwarze Beeren, die in der mittel- und ostfranzösischen Küche häufig verwendet werden, ebenso wie in der Provence, wo der Wacholder wild auf den Hügeln wächst. Wacholderbeeren *(baies de genièvre)* haben einen stark aromatischen und harzigen Geschmack. Man würzt damit Marinaden, Pasteten und Füllungen für Wildbraten. Im ersten Jahr sind die Wacholderbeeren hellgrün, im zweiten mittelblau, und schließlich schwarzblau, wenn sie erntereif sind.

ANBAU: Immergrüner Strauch. In gut entwässertem Boden anpflanzen. Wacholder gedeiht am besten an der Sonne, kann aber auch im Halbschatten heranreifen.

YSOP
HYSOPE

Dieses hübsche Kraut hat dunkelgrüne Blätter und tiefblaue oder hellrosa Blüten. In der französischen Küche ist es etwas aus der Mode gekommen, wird aber noch als Heilkraut verwendet. Die würzigen Blätter schmecken ein wenig nach Minze, nur bitterer. In der Gascogne gehört Ysop zum Bouquet garni, mit dem konzentriertes Tomatenmus gewürzt wird, das man für den Winter einweckt. Ein Ysopzweig verleiht dem Zuckersirup von Fruchtkompott ein angenehmes Aroma. Ysop macht sich besonders gut als Bordüre am Rand des Kräutergartens.

ANBAU: Winterfeste, mehrjährige Pflanze. Ysop kann man jederzeit zwischen dem Frühherbst und dem Frühling anpflanzen, und zwar in gut entwässertem Boden in sonniger Lage. Frische Ysopblätter kann man das ganze Jahr lang pflücken, doch am besten sind sie vor der Blütezeit. Sie können auch getrocknet werden.

ZITRONENMELISSE
CITRONELLE

Die Blätter der Zitronenmelisse werden in Salaten oder als beruhigender Kräutertee verwendet. Man kann auch Milch oder kalte Getränke damit aromatisieren. Früher stellte man den berühmten Melissengeist *eau-de-Carmes* daraus her. Die kleinen weißen Blüten wirken sehr anziehend auf Bienen; Melissa heißt auf griechisch Honigbiene.

ANBAU: Winterfeste, immergrüne Pflanze. In gut entwässertem Boden in sehr sonniger Lage anpflanzen. Im Frühsommer und im Frühherbst zurückschneiden, um das Wachstum zu fördern.

VORSPEISEN
UND
SUPPEN

Traditionsgemäß wird in Frankreich
als erster Gang eine Suppe gereicht.
Es gibt eine erstaunliche Vielfalt
französischer Suppen, doch man kann
auch zwischen vielen anderen
appetitanregenden Vorspeisen wählen.

Pissaladière *links (S. 42)*, Aubergines aux
Anchois *rechts (S. 35)*.

Zuerst halte ich Ausschau nach günstigen Vorzeichen. Flatternde Servietten an der Wäscheleine, blitzsaubere Fenster und hübsche Blumen – auch wenn sie nur in angemalten Blechbüchsen stehen – veranlassen schon zu den schönsten Hoffnungen. Wenn das Lokal dann auch noch von ortsansässigen Gästen gut besucht ist, sehe ich mir die Speisekarte an. Und nach einem Blick auf die Preisliste der saisonbedingten Speisen beschließe ich, mich auf das vielversprechende Angebot einzulassen.

In Frankreich esse ich besonders gern in kleinen Landgasthöfen, und ich bin dort nur selten enttäuscht worden. Der Kochstil, vom Gastwirt gern als *cuisine soigneuse,* gepflegte Küche, bezeichet, ist meist ausgereift und anspruchsvoll. Die typischen ländlichen Gerichte Frankreichs kann man hier noch unverfälscht und sehr genußvoll kennenlernen, denn sie sind immer frisch und köstlich, oft sogar ganz hervorragend.

Ich finde es immer wieder aufregend, in Frankreich essen zu gehen. Wenn ich mich an den makellos sauberen Tisch setze (denn selbst in der kleinsten Kneipe gibt es blütenweiße Papierdecken), muß ich ihn zuerst einmal wie einen Talisman berühren. Dann lehne ich mich zurück, breite die Serviette auf dem Schoß aus und gestatte mir ein angenehmes Hungergefühl.

Ein Korb mit Brot wird auf den Tisch gestellt – leichte, sahnig weiße Baguettestücke mit goldbrauner Kruste. Ich streiche süße, frische Normandiebutter darauf, beiße in die duftenden Brotscheiben und genieße die Vorfreude auf eine leckere französische Mahlzeit.

Die Suppe wird in einer schönen, großen Schüssel aufgetragen, die in den besten Lokalen auf dem Tisch stehen bleibt, damit sich der Gast selbst bedienen kann. Ich erinnere mich noch gut an eine ausladende weiße Porzellanschüssel voll hellgrüner Suppe mit kleinen dunkelgrünen Flecken darin: Sie schöpft sich wie dünne Sahne, schmeckt nach Lauch, Kartoffeln und Kerbel und ist so butterzart, daß man einfach nicht genug davon bekommen kann.

Die französische Küche bietet zwar viele appetitanregende Vorspeisen, doch Suppe wird traditionell als erster Gang gereicht. Sie nimmt eine solche Vorrangstellung ein, daß auf dem Land das ganze Abendessen – *le souper* – danach benannt ist.

Es gibt eine erstaunliche Vielfalt französischer Suppen. Die besten sind oft ganz einfach zubereitet – eigentlich nur ein Püree aus ein oder zwei Gemüsesorten, mit Brühe oder Sahne verdünnt und mit Kräutern gewürzt. Nur die Frische der Zutaten und die feinen Gewürze machen sie so exquisit. Der Geschmack wird zum Schluß mit etwas But-ter abgerundet, am besten mit Kräuterbutter, die der Suppe ein unvergeßliches Aroma verleiht. Kaum ein Gericht kann sich an Köstlichkeit mit einer cremigen Tomatensuppe messen, auf der ein Stück Estragonbutter schmilzt.

KRÄUTERBUTTER

Im Sommer gibt es kaum eine angenehmere Tätigkeit in der Küche als die Zubereitung von Kräuterbutter. Sie ist denkbar einfach herzustellen. Das folgende Grundrezept, das beliebig abgewandelt werden kann, heißt *Maître d'hôtel*-Butter.

115 g ungesalzene Butter cremig schlagen, dann nach und nach 1 Eßlöffel Zitronensaft und 2 Eßlöffel feingehackte Petersilie unterrühren. Mit Salz und frisch gemahlenem Pfeffer würzen. *Maître d'hôtel*-Butter paßt gut zu gegrilltem Fisch, Steak und heißem Gemüse.

Damit es schneller geht, nehme ich manchmal den Pürierstab, doch eigentlich lasse ich mir bei dieser angenehmen Arbeit lieber Zeit. Um eine besonders glatte Konsistenz zu erhalten, streicht man die gewürzte Butter durch ein feines Sieb, bevor man sie kalt stellt; doch mir gefällt das unregelmäßige Aussehen der unpassierten Butter besser.

Zur Aufbewahrung geben Sie die Kräuterbutter mit einem Löffel auf ein doppelt gefaltetes Backpapier und rollen sie darin ein. Sie wird kalt gestellt, bis sie hart ist, und dann in dünne Scheiben geschnitten, die gesondert abgepackt und beschriftet werden. Haltbarkeit im Kühlschrank 2 Wochen, im Tiefkühlfach bis zu 3 Monate.

KNOBLAUCHBUTTER: Dem Grundrezept werden 1 oder 2 zerdrückte Knoblauchzehen beigefügt. Knoblauchbutter paßt herrlich zu gegrilltem Steak, heißen Kartoffeln oder aufgebackenem Brot.

SCHNITTLAUCHBUTTER: Das gleiche Rezept wie bei *Maître d'hôtel*-Butter, nur mit feingehacktem Schnittlauch statt Petersilie. Schnittlauchbutter paßt gut zu Eiern, gedämpften Karotten oder Blumenkohl.

ESTRAGONBUTTER: 1 bis 2 Eßlöffel Estragonblätter blanchieren, abgießen und mit kaltem Wasser abschrecken. Junge, zarte Blättchen können auch roh verwendet werden. Sehr fein hacken und statt der Petersilie dem Grundrezept beifügen. Estragonbutter paßt zu gegrilltem Huhn oder Fisch und zu leichten Sommersuppen.

RAVIGOTEBUTTER: 1 feingehackte Schalotte und 2 bis 3 Eßlöffel gemischte Petersilie, Kerbel, Estragon und Schnittlauch blanchieren. Mit kaltem Wasser abschrecken, gut abgießen und fein hacken. Statt Petersilie unter die wie im Grundrezept geschlagene Butter rühren. Zur Glättung durch ein Sieb streichen.

CRÈME DE CHAMPIGNONS AU CERFEUIL SOUS CROÛTE

ÜBERBACKENE CHAMPIGNONCREME MIT KERBEL

Wenn man die Teigkruste über der Suppe öffnet, entströmt ihr das wunderbare Aroma von Butterchampignons und Kerbel. Am besten bereiten Sie diese Suppe daher in Portionsschalen zu, doch Sie können sie auch in einer großen feuerfesten Schüssel anrichten, auf der die goldbraune Teigkruste wie ein Deckel sitzt. Natürlich kann die Suppe auch ohne Kruste zubereitet werden.

FÜR 4–6 PERSONEN

340g Champignons
85 g Butter
1 kleine Zwiebel, fein gehackt
1 Knoblauchzehe, fein gehackt
1 Eßlöffel Zitronensaft
500 ml Hühnerbrühe
150 ml Milch
1 Eßlöffel Mehl oder Stärkemehl
150 ml Crème double
1 Eßlöffel gehackter Kerbel
2 Teelöffel feingehackte Petersilie
1 Eßlöffel Sherry
Salz und frisch gemahlener Pfeffer
180 g Fertigblätterteig
1 Ei, getrennt
Kerbelbätter zum Garnieren

Die Champignons mit einem feuchten Tuch abwischen und jeweils ein kleines Stück vom Stiel entfernen. Die Hälfte der Butter in einer Pfanne schmelzen lassen, 1 Eßlöffel Champignons darin gar dünsten und mit einem Schaumlöffel auf einen Teller geben. Sie werden später zum Garnieren gebraucht.

Die restliche Butter in der Pfanne schmelzen lassen, die Zwiebeln und den Knoblauch darin gar dünsten. Die Champignons hineinrühren, bis sie die Butter aufgenommen haben, dann den Zitronensaft hinzufügen.

Die Hühnerbrühe zugießen und 15 Minuten bei mittlerer Hitze kochen lassen. Den Pfanneninhalt im Mixer pürieren und in die Pfanne geben. Das Mehl mit der Milch

vermischen und unter die Suppe rühren. Köcheln lassen und so lange weiterrühren, bis die Suppe eingedickt ist.

Die Crème double, Kerbel, Petersilie und Sherry hinzugeben und mit Salz und Pfeffer abschmecken. Dann die Suppe in einzelne feuerfeste Schalen gießen oder in eine große Schüssel füllen. Die Schüsseln dürfen nur dreiviertel voll sein.

Den Teig ausrollen und für jede Schale einen Deckel ausstechen. Die Schüsselränder mit Eiweiß bestreichen und den Teigdeckel auflegen. Drücken Sie dabei den Teigrand fest an. Den Teig mit Eigelb bestreichen und in der Mitte 2–3 mal einscheiden, damit der Dampf entweichen kann.

Die Suppenschalen auf das Backblech setzen und 15–20 Minuten im Ofen backen (200° C, Gas: Stufe 3), bis die Teigkruste goldbraun und gut aufgegangen ist. Die übrigen Champignons werden in Alufolie gewickelt und im Ofen aufgewärmt.

Vor den Auftragen wird jeder Teigdeckel mit 2–3 Champignonscheiben und einigen Kerbelblättern garniert. Wenn man die Suppe in einer großen Schüssel zubereitet hat, kann man sie kurz vor dem Auftragen in einzelne Schalen umfüllen und ein Stück der Teigkruste darauf schwimmen lassen.

SOUPE DE TOMATE
À L'ESTRAGON
TOMATENSUPPE MIT ESTRAGON

In dieser einfachen Suppe wird das köstliche Sommeraroma vollreifer Tomaten durch frischen Estragon verfeinert. Besonders geeignet ist diese Suppe als warme Vorspeise zu einem kalten Hauptgang bei einem sommerlichen Abendessen.

FÜR 4 PERSONEN

55 g Butter
1 kleine Zwiebel, gehackt
½ Knoblauchzehe, fein gehackt
½ gehackte Selleriestange
680 g reife Tomaten, enthäutet
und kleingeschnitten
150 ml trockener Weißwein
1 Lorbeerblatt
4 Pimentkörner
ein Streifen Orangenschale
1 Teelöffel Zucker
Salz
1 Teelöffel frische, gehackte Estragonblätter

ZUM GARNIEREN

150 ml Crème fraîche (nach Belieben)
einige Estragonblätter

Die Hälfte der Butter in einem Topf schmelzen lassen und die Zwiebel, den Knoblauch und die Selleriestücke hineinrühren und 3 Minuten andünsten. Dann die Tomaten, den Wein, das Lorbeerblatt, die Pimentkörner, die Orangenschale, den Zucker, etwas Salz und die Hälfte des Estragons hinzufügen. Zum Kochen bringen, zudecken und 25–30 Minuten kochen lassen.

Alles durch ein feines Sieb streichen und abschmecken. Den restlichen Estragon hinzufügen, noch einmal fast zum Kochen bringen und die restliche Butter hinzugeben. Mit Crème fraîche oder Estragon garniert anrichten.

SOUPE DE TOMATE À L'ESTRAGON *links*, CRÈME DE CHAMPIGNONS AU CERFEUIL *Mitte (S. 27)*, SOUPE AU PISTOU *rechts (S. 30)*.

SOUPE AU PISTOU
BOHNEN- UND GEMÜSESUPPE
MIT PISTOU

Eine klassische Suppe aus der Provence. Frische weiße Bohnen gibt es in Frankreich von Ende Juli bis Ende August. Den Rest des Jahres verwendet man getrocknete Bohnen. Die Pistou-Sauce aus frischem Basilikum, Knoblauch und Olivenöl gibt man gern als letzte Zutat in viele sommerliche Gemüsesuppen.

FÜR 6 PERSONEN

1 Teelöffel Olivenöl
1 mittelgroße Zwiebel, fein gehackt
115 g frische weiße Bohnen
oder eingeweichte und gekochte Trockenbohnen
2 mittelgroße Kartoffeln, kleingeschnitten
1 Stange Sellerie, gehackt
Salz und frisch gemahlener Pfeffer
225 g klein geschnittene grüne Bohnen
der grüne Teil einer Lauchstange,
in feine Streifen geschnitten
2 Tomaten,
enthäutet und kleingeschnitten
55 g Vermicelli
PISTOU
2–3 Knoblauchzehen
1 Handvoll Basilikumblätter
3–4 Eßlöffel Olivenöl
frisch geriebener Parmesan oder Gruyère

Das Öl in einem großen Topf erhitzen und die Zwiebel darin glasig dünsten. Die weißen Bohnen, Kartoffeln und Selleriestücke mit 1,5 l Wasser und etwas Salz und Pfeffer hinzufügen. 10–15 Minuten zugedeckt köcheln lassen.

Die grünen Bohnen, das Lauch, die Tomaten und die Vermicelli hinzufügen und weitere 10 Minuten kochen lassen.

Inzwischen die geschälten Knoblauchzehen im Mörser zerdrücken oder im Mixer zerkleinern. Das Basilikum und nach und nach das Olivenöl hinzugeben und schließlich noch einen Eßlöffel der heißen Suppe dazugießen.

Die Suppe in großen Schalen anrichten, etwas Pistou und geriebenen Käse darübergeben.

SOUPE DE POISSONS
AVEC LA ROUILLE
FISCHSUPPE MIT ROUILLE-SAUCE

Diese rostrote Suppe gibt es überall im Midi, selbst in den kleinsten Restaurants und Lokalen. Als traditionelle Beigabe gibt es dazu *croûtons* aus geröstetem Weißbrot, Gruyère und ein Schälchen scharfe Knoblauch-*Rouille*.

FÜR 4 PERSONEN

SUPPE
2–3 Eßlöffel Olivenöl
1 mittelgroße Zwiebel, fein gehackt
1–2 Knoblauchzehen, fein gehackt
680 g Fisch, vorzugsweise kleine Suppenfische
225 g Tomaten, enthäutet und gewürfelt
1 Bouquet garni
1 l Wasser
150 ml Rotwein
Salz und einige Pfefferkörner
½ Teelöffel Safranfäden
ROUILLE
1 rote Chilischote, frisch oder getrocknet
2–3 Knoblauchzehen
85 g Weißbrot, ohne Rinde
6–8 Eßlöffel Olivenöl
1 Teelöffel Tomatenmark
ZUM SERVIEREN
eine halbe Baguettestange
feingeriebener Gruyère

Das Öl in einem großen Topf erhitzen, die Zwiebel und den Knoblauch hineinrühren und glasig dünsten, doch nicht anbräunen lassen. Den Fisch hinzugeben und im Öl anbraten. Dann die Tomaten, das Bouquet garni, Wasser, Wein, Salz und Pfefferkörner hinzufügen und zum Kochen bringen. Den Topf abdecken, die Hitze vermindern und die Suppe 30–40 Minuten köcheln lassen.

Die Suppe durch ein Sieb streichen und dabei den Fisch leicht ausdrücken, um das volle Aroma zu erhalten. Die Flüssigkeit in den Topf zurückgießen, den Safran hineingeben und noch einmal 20 Minuten köcheln lassen, damit die Suppe die Farbe und den Geschmack des Safrans annehmen kann. Dann abschmecken.

Für die *Rouille* wird die Chilischote halbiert und entkernt (falls Sie eine getrocknete Schote verwenden, sollte

sie vorher ein paar Minuten in warmem Wasser einge-
weicht werden), dann fein gehackt. Die Schote zusammen
mit dem Knoblauch im Mörser zerstoßen. Das Brot in
kaltem Wasser einweichen, ausdrücken und nach und
nach mit dem Olivenöl in die Paste einarbeiten, die dabei
wie Mayonnaise ununterbrochen gerührt werden muß.
Zum Schluß das Tomatenmark dazugeben und die fertige
Sauce in einer Steingutschale anrichten.

Das Brot für die *croûtons* wird in Scheiben geschnitten
und getoastet. Die Suppe wird in heißen Schalen angerichtet, und die *croûtons*, die *Rouille* und der geriebene Käse

werden einzeln dazu gereicht. Ein oder zwei *croûtons* auf
die Suppe legen, *Rouille* oder Käse – oder beides –
darübergeben. Diese Mischung rührt jeder in seine Portion ein.

KNOBLAUCHBÜNDEL – *Die Knoblauchknollen werden in
Reihen zum Trocknen aufgehängt, hoch oben in einer dunklen, luftigen Scheune in Gers. Später werden die Knollen
dann zu Zöpfen geflochten oder einfach gebündelt in Säcken
verstaut, bevor man sie auf dem Markt verkauft.*

31

SOUPE AUX CHÂTAIGNES
ET AUX OIGNONS

SUPPE AUS ESSKASTANIEN
UND ZWIEBELN

Die meisten Eßkastanien gibt es in der schönen Ardèche, deren Hauptstadt Privas die meisten *marrons glacés* der Welt produziert. In der typischen Küche dieser abgelegenen und gebirgigen Region hat die Eßkastanie schon seit jeher eine große Rolle gespielt. Früher nannte man die Kastanien auch Brotbäume, weil selbst das Brot aus Maronenmehl hergestellt wurde. Diese wärmende Eßkastaniensuppe wirkt besonders an kalten Winterabenden sehr wohltuend.

FÜR 4–5 PERSONEN

225 Eßkastanien
3 Zweiglein Thymian oder serpolet *(wilder Thymian)*
Salz
750 ml Hühner- oder Gemüsebrühe
2 mittelgroße Zwiebeln, fein gehackt
1 Eßlöffel Olivenöl
1 Bouquet garni
frisch gemahlener Pfeffer

ZUM SERVIEREN
ein Schuß Milch oder Sahne
croûtons
in Öl geröstet

32

Nach dem Entfernen der Außenschalen die Kastanien in einen Topf geben und mit kaltem Wasser bedecken. Einen Thymianzweig und etwas Salz darübergeben und zum Kochen bringen. 20 Minuten köcheln lassen, bis die Kastanien weich sind. Das Kochwasser abschütten und nach kurzem Abkühlen die dünnen, papierartigen Innenschalen abreiben. Die Kastanien mit etwas Brühe im Mixer pürieren.

Die Zwiebeln im Öl glasig dünsten, bis sie eine goldene Farbe annehmen, aber noch nicht braun sind. Die restliche Brühe, den Thymian und das Bouquet garni dazugeben. Zum Kochen bringen und 10 Minuten köcheln lassen, dann das Kastanienmus unterrühren und nochmals 5 Minuten köcheln lassen. Mit Salz und Pfeffer abschmecken.

Nehmen Sie die Kräuter kurz vor dem Anrichten heraus, und fügen Sie einen Schuß Milch oder Sahne hinzu. Die Suppe wird mit heißen *croûtons* serviert.

POTAGE GLACÉ À L'OSEILLE
GEEISTE SAUERAMPFERSUPPE

Sauerampfer galt in Frankreich immer als traditionelles Frühjahrstonikum, das man als vitaminreiche Erfrischung nach den ungesunden Wintermonaten zu sich nimmt. Das Zitronenaroma des Sauerampfers verleiht dieser köstlichen Frühlingssuppe einen angenehm säuerlichen Geschmack.

FÜR 4–5 PERSONEN

115 g Sauerampferblätter
1 große Gurke, geschält und gehackt
1 Knoblauchzehe
1 l Hühnerbrühe oder Wasser
150 ml Crème double
Salz
ein Schuß Tabasco
etwas feingehackter Kerbel oder Petersilie

EIN THYMIANRASEN: *Ein herrlicher Teppich aus lila Thymian schmückt diesen Garten an der Côte d'Azur. Diese Sorte ist die Kulturform des serpolet, der auf den Provencehügeln wild wächst.*

Den Sauerampfer waschen, abtropfen lassen und grob hacken. Mit der Gurke, der Knoblauchzehe und Brühe oder Wasser in einen Topf geben und bei geringer Hitze köcheln lassen, bis die Gurkenstücke weich sind.

Von der Herdplatte nehmen und im Mixer pürieren, bis die Suppe ganz glatt und einheitlich aussieht. Dann kalt stellen und zum Schluß die Crème double unterrühren und mit Salz und Tabasco abschmecken.

Richten Sie die Suppe mit etwas feingehacktem Kerbel bestreut in einer großen Suppenterrine an.

SOUPE AU MELON ET AUX NECTARINES
MELONEN- UND NEKTARINENSUPPE

Gekühlte Früchtesuppen wirken an heißen Tagen wunderbar erfrischend. Durch frischgehackte Minze wird das delikate Aroma der Melonen und Nektarinen besonders hervorgehoben.

FÜR 4–6 PERSONEN

1 reife Galia- oder Cantaloup-Melone
3–4 reife Nektarinen
Saft von 1 Orange
Zucker nach Belieben
Salz
1–2 Tropfen Tabasco
ein Schuß Balsam- oder Sherryessig
1 Teelöffel feingehackte Minze
einige Minzeblätter zum Garnieren

Die Melone halbieren und entkernen. Das Fruchtfleisch in den Mixer oder Entsafter geben. Die Nektarinen waschen und trockenreiben, in Scheiben schneiden und ebenfalls in den Mixer geben. Den Orangensaft hinzufügen und pürieren. Nach Belieben mit Zucker, Salz und Tabasco abschmecken, dann den Essig und die gehackte Minze hinzufügen. Die Suppe 30 Minuten lang kalt stellen.

In gekühlten Tellern oder Gläsern anrichten und mit Minzeblättern garnieren.

PÂTÉ DE GIBIER
AU GENIÈVRE

WILDPASTETE
MIT WACHOLDERBEEREN

Diese Pastete, die eigentlich eher ein Mus ist, läßt sich schnell zubereiten, da das Fleisch bereits gekocht ist. Sie bietet eine hervorragende Möglichkeit, das Fleisch, das nach dem Tranchieren noch an den Knochen haftet, zu verwerten. Fasan, Rebhuhn, Hase, Wildente, Kaninchen, Taube und Wildbret sind für dieses Rezept verwendbar.

FÜR 3–4 PERSONEN

225 g gekochtes und entbeintes Wildbret
85 g Butter
1 gehackte Schalotte
1 kleine gehackte Knoblauchzehe
4 zerdrückte Wacholderbeeren
150 ml Crème double
1 Eßlöffel Brandy
Salz und frisch gemahlener Pfeffer

Das Fleisch in gleich große Stücke schneiden und in der Küchenmaschine grob hacken.

Die Hälfte der Butter in einer Pfanne zergehen lassen und darin die Schalotte und den Knoblauch dünsten, bis sie weich, aber noch nicht angebräunt sind. Die Wacholderbeeren zufügen und leicht andünsten, damit sich das Aroma entfaltet. Langsam abkühlen lassen und zusammen mit der restlichen Butter zu dem Fleisch in der Küchenmaschine geben. Alles zusammen gut pürieren.

Die Sahne zusammen mit dem Brandy steif schlagen, unter die Fleischmasse ziehen und mit Salz und Pfeffer abschmecken. Die Masse in einen Topf oder eine Schüssel geben, glattstreichen und 24 Stunden kalt stellen. Mit heißem Toast oder Brötchen servieren.

VERKAUF VON BASILIKUM – *In Marktbuden erhältliche Basilikumtöpfchen tragen oft die Aufschrift »Pistou«, um den Verbraucher daran zu erinnern, daß Basilikum der Hauptbestandteil von Pistou-Sauce ist, die mit Olivenöl, Knoblauch und Käse zubereitet wird. Basilikum ist ein charakteristisches Gewürz der provenzalischen Küche. Am meisten verbreitet ist eine Sorte mit mittelgroßen Blättern.*

TARTELETTES
AUX CHAMPIGNONS

BASILIKUMTÖRTCHEN MIT PILZEN

Wenn ich mich in Frankreich aufhalte, verwende ich für dieses Gericht wildwachsende Pilze, vorzugsweise Steinpilze *(cèpes)*. Falls Sie keine Zeit haben, auf Wiesen und in Wälder zu suchen, finden Sie Wildpilze auch oft auf dem Markt, da für viele Standbesitzer die erste morgendliche Arbeit darin besteht, Pilze zu sammeln. Hierzulande, wo wir mit wild wachsenden Pilzen wenig vertraut sind, ergeben auch kleine Zuchtpilze einen köstlichen Belag.

FÜR 6 PERSONEN

MÜRBTEIG
115 g Mehl
55 g Butter
1 Eigelb
1–2 Eßlöffel kaltes Wasser
eine Prise Salz

BELAG
180 g Champignons oder andere kleine Ständerpilze
45 g Butter
2 gehackte Frühlingszwiebeln
1 Eßlöffel Mehl
150 ml Sahne
Salz und frisch gemahlener Pfeffer
1 Eßlöffel feingehacktes frisches Basilikum
einige Blätter glatte Petersilie

Das Mehl sieben und auf eine kalte Arbeitsfläche oder in eine große Schüssel häufen. Eine Mulde in die Mitte drücken und die Butter, das Eigelb und das mit Salz verrührte Wasser hineingeben.

Die Zutaten mit den Fingerspitzen zu Klümpchen verarbeiten, indem Sie nach und nach das Mehl in die Mitte streichen. Mit den Handballen den Teig vom Körper weg auf die Arbeitsfläche pressen, und ihn dann mit der Klinge eines Messers oder einem Teigschaber zu einer Kugel zusammenschieben. Den Teig in Folie einschlagen und 30 Minuten kalt stellen.

In der Zwischenzeit den Belag zubereiten. Die Pilze mit einem feuchten Tuch abwischen, kleine Pilze ganz lassen, etwas größere vierteln. In einer Pfanne Butter erhitzen und die Pilze zusammen mit den Frühlingszwiebeln darin weich dünsten. Die Pilze mit einem Schaumlöffel herausnehmen und beiseite legen, bis die Teigförmchen zum Füllen bereit sind.

Rollen Sie den Teig aus, und legen Sie sechs 10 cm große Förmchen damit aus. Die Böden mehrmals einstechen und auf einem vorgeheizten Backblech im heißen Ofen (200° C, Gas: Stufe 3) etwa 10 Minuten backen, bis der Teig mürbe ist, aber noch keine Farbe angenommen hat.

Das Mehl in die Pfanne rühren und es bei mittlerer Hitze etwa 1 bis 2 Minuten anziehen lassen. Langsam die Sahne zugeben und vorsichtig weiterkochen, bis die Sauce eingedickt ist. Mit Salz und Pfeffer würzen und das Basilikum einrühren. Pilze auf die Törtchen verteilen und die Sauce darübergeben. Die Törtchen noch einmal für etwa 5–7 Minuten im Ofen erhitzen, bis die Sauce zu brodeln beginnt.

Die Törtchen mit Petersilie garnieren und heiß servieren.

AUBERGINES AUX ANCHOIS
AUBERGINEN MIT SARDELLEN

Für dieses einfache provenzalische Gericht werden glänzende, purpurhäutige Auberginen halbiert und mit einer Mischung aus aromatischen Kräutern und Sardellen gefüllt. Das überraschend feine, rauchige Aroma dieses Gerichts kommt am besten zur Geltung, wenn die Auberginen kalt serviert werden.

FÜR 4 PERSONEN

2–4 Auberginen (je nach Größe)
1 Schalotte, fein gehackt
1 Knoblauchzehe, fein gehackt
4 Sardellenfilets
1 Eßlöffel frisches Basilikum
1 Eßlöffel frische Petersilie
3–4 Eßlöffel Olivenöl
2–3 große, reife Tomaten, gehäutet

Die Auberginen säubern und der Länge nach halbieren. Mit den Schnittflächen auf eine Arbeitsfläche legen und drei bis vier Mal längs einschneiden, aber nicht ganz durchschneiden, so daß sie wie Buchseiten verbunden bleiben.

Schalotte, Knoblauch, Sardellen, Basilikum und Petersilie mit etwas Olivenöl in einem Mörser zerdrücken oder alle Zutaten in einer Küchenmaschine zu einer Paste verarbeiten.

Die Sardellenpaste auf die Schnittflächen der Auberginen streichen und Tomatenscheiben in die Schnittstellen stecken. Die gefüllten Auberginen in eine feuerfeste, gefettete Form legen und das restliche Öl darüberträufeln. Zwei Eßlöffel warmes Wasser in die Form geben und abdecken.

Im vorgeheizten Ofen (180° C, Gas: Stufe 2) etwa 30–45 Minuten backen bzw. bis die Auberginen gar sind. Abkühlen lassen. Warm oder kalt mit heißem, knusprigen Brot servieren.

BEIGNETS DES FLEURS DE COURGETTE

ZUCCHINIBLÜTEN-BEIGNETS

Auf vielen Märkten im Süden Frankreichs findet man Berge von Zucchiniblüten, die zum Verkauf angeboten werden. Die leuchtend gelben Blüten werden früh morgens geschnitten, bevor sie in der Hitze welken. In der Provence werden die Blüten in einen leichten Eierkuchenteig getunkt und fritiert. Diese köstliche Vorspeise wird vor dem Mittagessen serviert. Wenn Sie selber Zucchinis züchten, dann pflücken Sie die großen (männlichen) Blüten, bald nachdem sie aufgeblüht sind und der Tau getrocknet ist.

20–24 STÜCK

20–24 Zucchiniblüten
100 g Mehl
eine Prise Salz
1 Eßlöffel Olivenöl
1 Ei, getrennt
etwa 150 ml warmes Wasser
mild aromatisiertes Öl zum Fritieren,
z. B. Sonnenblumenöl
Salz und herbes de Provence *zum Servieren*

Die Stiele der Zucchiniblüten entfernen. Falls die Blüten staubig sind, vorsichtig in kaltem Wasser waschen und gut abtrocknen.

Mehl und Salz in eine Schüssel sieben und mit Öl, Eigelb und Wasser vermischen, so daß ein Teig entsteht, der etwa die Beschaffenheit von flüssiger Sahne hat. Das Eiweiß steif schlagen und unter den Teig heben.

Öl auf 180° C erhitzen. Eine Blüte in den Teig eintunken und damit umhüllen, dann im heißen Fett fritieren, bis sie goldfarben ist. Herausnehmen und auf Küchenpapier abtropfen lassen. Die restlichen Blüten entsprechend verarbeiten. Mit Salz und *herbes de Provence* bestreuen und sofort servieren.

Eventuell übriggebliebener Teig kann für Crêpes oder Pfannkuchen verwendet werden.

SORBET DE MENTHE AU MELON

ANANAS-MINZE SORBET MIT MELONE

Ananas-Minze oder die aromatische Grüne Minze geben diesem Sorbet das beste Aroma. Ich serviere es auf einer Scheibe gekühlter Melone, die auf einem Weinblatt liegt, und dekoriere es mit einem Zweig kandierter Minzeblätter.

FÜR 4–6 PERSONEN

225 g Kristallzucker
425 ml Wasser
1 Zitrone
1 große Handvoll Minzeblätter
grüne Lebensmittelfarbe (wahlweise)

KANDIERTE MINZEBLÄTTER

4–6 Minzezweige
2 Eiweiß
1 Eßlöffel feiner Kristallzucker

ZUM SERVIEREN

1 reife, grünfleischige Melone, vorzugsweise Galia
4–6 Weinblätter

Als erstes die kandierten Minzeblätter zubereiten, damit sie genügend Zeit zum Trocknen haben. Die Stiele von den Minzezweiglein schneiden oder statt dessen 12 einzelne Minzeblätter verwenden. Das Eiweiß ein wenig schaumig schlagen und die Blätter damit auf beiden Seiten bepinseln. (Restliches Eiweiß aufbewahren.) Mit feinem Kristallzucker bestreuen, auf Butterbrotpapier legen und an einem warmen Ort trocknen lassen.

Für das Sorbet den Zucker in Wasser auflösen, einen Streifen Zitronenschale hinzufügen und das Ganze zum Kochen bringen. Fünf Minuten sieden lassen, dann den Sirup vom Herd nehmen und ein bis zwei Minuten abkühlen lassen.

Die Minzeblätter grob hacken und zusammen mit dem Zitronensaft in eine Schüssel geben. Den heißen, aber nicht kochenden Sirup über die Blätter gießen. Zur Seite stellen, bis der Sirup abgekühlt ist. Den Sirup in eine Schüssel seihen und einen Tropfen grüner Lebensmittelfarbe hinzugeben, um das Sorbet zartgrün zu färben. Zwei Stunden frieren, bis es anfängt, fest zu werden.

Das Eiweiß steif schlagen, unter den halbgefrorenen Sirup ziehen und erneut ins Gefrierfach stellen.

Zum Servieren ein Weinblatt auf jeden Teller legen und darauf eine Scheibe Melone legen. Das Sorbet schlagen, bis es weich ist, und auf die Mitte der Melonenscheiben geben. Mit den kandierten Minzeblättern garnieren und servieren.

NEBEL UND TAU – *Helle Sonnenstrahlen glitzern durch den Morgennebel auf die mit Tau benetzten Pflanzen. Minze, Ysop, Fenchel und andere Kräuter haben ihre letzten Blüten hervorgebracht, denn der Sommer geht zur Neige und der Herbst steht vor der Tür. Die schweren Blätter hängen hinunter auf die Steinpfade und nehmen den geometrischen Konturen des Gartens ihre Strenge.*

TARTELETTES AUX TOMATES

TOMATENTÖRTCHEN

Diese kleinen, würzigen Törtchen sind die Spezialität eines Bäckers aus Privas in der Ardèche. Der knusprige Teig bildet einen interessanten Kontrast zu dem aromatischen Belag aus Tomaten, der mit wildem Thymian *(serpolet)*, Lorbeer und Majoran gewürzt und mit Oliven und Sardellen garniert wird.

FÜR 6 PERSONEN

MÜRBTEIG
115 g Mehl
55 g zimmerwarme Butter
1 Eigelb
2 Eßlöffel Eiswasser
eine Prise Salz
BELAG
1 mittelgroße Zwiebel, gehackt
1 Knoblauchzehe, fein gehackt
1 Eßlöffel Olivenöl
450 g Tomaten, gehäutet und gewürfelt
½ Teelöffel feiner Kristallzucker
1 Zweig Thymian oder serpolet
1 Lorbeerblatt
Salz und frisch gemahlener Pfeffer
1 Teelöffel feingehackter Majoran
etwa 12 Sardellenfilets oder schwarze Oliven

Das Mehl sieben und auf eine kalte Arbeitsfläche oder in eine große, gekühlte Schüssel häufen. In die Mitte eine Mulde drücken und Butter, Eigelb und das mit dem Salz vermischte Wasser hineingeben.

Die Zutaten mit den Fingerspitzen zu Klümpchen verarbeiten, indem Sie nach und nach das Mehl in die Mitte streichen. Mit den Handballen den Teig vom Körper weg auf die Arbeitsfläche pressen, und ihn dann mit der Klinge eines Messers oder einem Teigschaber zu einer Kugel zusammenschieben. Den Teig in Folie einschlagen und 30 Minuten kalt stellen.

In der Zwischenzeit den Belag zubereiten. Zwiebel und Knoblauch etwa 5 Minuten weich dünsten. Tomaten, Zucker, Thymian und Lorbeerblatt hinzufügen. Leicht mit Salz und Pfeffer würzen und 25–30 Minuten unbedeckt köcheln lassen, bis nahezu die gesamte Flüssigkeit verdampft ist. Die Gewürze herausnehmen, die Sauce mit einer Küchenmaschine pürieren oder durch ein Sieb streichen. Den gehackten Majoran daruntermischen.

Den Teig ausrollen und 6 leicht gebutterte, 10 cm große Törtchenförmchen damit auslegen. Die Törtchen einstechen und für 15 Minuten kalt stellen. In einem vorgeheizten Ofen (200° C, Gas: Stufe 3) etwa 10–15 Minuten backen, bis sie etwas Farbe angenommen haben.

Den Belag auf die Törtchen geben. Die Törtchen mit kreuzweise aufgelegten Sardellenfilets und einigen schwarzen Oliven garnieren. Weitere 10 Minuten im Ofen erhitzen, bis sie kochend heiß sind. Darauf achten, daß sie nicht anbrennen. Heiß, warm oder kalt servieren.

ŒUFS À LA MAYONNAISE À L'ESTRAGON

EIER IN ESTRAGONMAYONNAISE

Mayonnaise ist eines der bekanntesten Nahrungsmittel der Welt. Sie ist gleichzeitig eine einfache, aber auch raffinierte Sauce, die jedem Gericht schmeichelt, das sie begleitet, selbst hartgekochten Eiern. Diese erstaunliche Verbindung von Eiern und Olivenöl hat einen undefinierbaren Zauber – für mich ist wundervoll glänzende Mayonnaise der Inbegriff exquisiter französischer Küche. Die Zutaten sind denkbar einfach und verlangen deshalb beste Qualität: frische goldgelbe Eidotter von freilaufenden Hühnern und nährreiches Olivenöl aus frischer Ernte, reichhaltig und fruchtig, ein Genuß für alle Sinne. Diese beiden Zutaten werden mit der Geschicklichkeit vereint, auf der die ganze französische Küche basiert und deren Studium und praktische Anwendung für viele von uns ein herrliches und immer wieder neues Erlebnis ist.

Mit der Zeit entwickelt jeder seine eigene Methode, Mayonnaise herzustellen. Ich ziehe es vor, die Schüssel, das Eigelb und das Olivenöl zunächst in der Sonne anzuwärmen.

Niemals bringe ich die Sauce mit metallischen Gegenständen in Berührung, und Kräuter sind die einzigen Zutaten, die ich hinzufüge.

Estragonmayonnaise paßt ausgezeichnet sowohl zu pochiertem Lachs oder Hähnchen als auch zu Eiern. Es lohnt sich, hausgemachte Mayonnaise mit frischen Kräutern, wie z.B. feingeschnittenem Schnittlauch oder Dill, zu aromatisieren, um sie mit anderen Sommergerichten zu servieren.

FÜR 4 PERSONEN

8 frische Eier
1 Zweig Estragon
MAYONNAISE
2 Eigelb
300 ml Olivenöl
1 gestrichener Eßlöffel gehackter Estragon
Wahlweise Zutaten: Senf, Zitronensaft oder Weinessig,
Salz, frisch gemahlener weißer Pfeffer

Die Eier zusammen mit dem Estragonzweig 5 bis 7 Minuten (je nach Größe) hart kochen. Schrecken Sie die Eier in kaltem Wasser ab und entfernen Sie die Schale.

Eine Schüssel anwärmen und die Eigelbe hineingeben. Mit einem hölzernen Löffel eine halbe Minute schlagen. Einen Tropfen Olivenöl zugeben und kräftig rühren. Weiterhin in dieser Weise das Öl zugeben, bis die Sauce ihr Aussehen verändert und anfängt, dick zu werden.

Kontinuierlich weiterrühren und das Öl in dünnem Strahl einfließen lassen. Wird die Mayonnaise zu dick und nimmt das Öl nicht mehr auf, zum Verdünnen einen Teelöffel warmes Wasser hinzufügen.

Möglicherweise werden Sie nicht das gesamte Öl benötigen. Wenn Sie mit der Konsistenz der Sauce zufrieden sind, die Mayonnaise abschmecken und entscheiden, ob noch weitere Zutaten zugegeben werden sollen. Viele Olivenölsorten haben genügend Aroma, um der Sauce ohne weitere Zugaben einen köstlichen Geschmack zu verleihen.

Den gehackten Estragon mit der Mayonnaise vermischen und diese in eine Schüssel geben. Im Kühlschrank hält sich Mayonnaise zugedeckt etwa 1 bis 2 Tage.

Zum Servieren die Eier halbieren und mit der Schnittfläche nach unten auf einer Platte anrichten. Die Mayonnaise darüber verteilen. Servieren Sie französisches Brot dazu.

TAPENADE

Zu den charakteristischen Zutaten der Provence gehört die Kaper, und ihr ehemaliger provenzalischer Name *tapena* gibt diesem Gericht seinen Namen. Auf den Märkten des Midi werden Kapern in kleinen Fässern mit Salzlake verkauft – für gewöhnlich findet man sie an den Olivenständen.

Zusammen mit einer Flasche Landrotwein und reifen Früchten ist Tapenade ein ausgezeichnetes Picknickgericht.

Servieren Sie es in einer Schüssel, umgeben von halbierten hartgekochten Eiern, und reichen Sie knuspriges Landbrot und eine Rohkostplatte dazu.

FÜR 4–6 PERSONEN

115 g schwarze Oliven
50 g eingelegte Sardellenfilets,
abgetropft und abgespült
4 Eßlöffel abgetropfte Kapern
55 g abgetropfter Thunfisch
1 Zitrone
100 ml Oliven- oder Sonnenblumenöl
einige Oliven zur Garnierung

Die Oliven entsteinen und in einem Mörser zerstoßen oder mit einer Küchenmaschine fein hacken. Sardellenfilets, Kapern, Thunfisch und den Saft einer halben Zitrone zugeben. Alles zusammen zu einer sehr feinen Paste verarbeiten.

Wie bei der Zubereitung von Mayonnaise unter Rühren tropfenweise das Öl hinzufügen. Probieren und, falls nötig, noch etwas Zitronensaft zugeben, um den richtigen Geschmack zu erzielen.

Die Tapenade in einen Steinguttopf oder eine hölzerne Schüssel füllen und vor dem Servieren mit einigen schwarzen Oliven garnieren.

ASPERGES À LA FLAMANDE
SPARGEL AUF FLÄMISCHE ART

Für diese Version eines klassischen Spargelgerichts mache ich kleine Spargelbündel, die ich mit Streifen aus rohem Schinken, *jambon cru,* locker zusammenbinde. Sie können aus einer Vielzahl von Sorten wählen, geräuchert oder ungeräuchert, italienisch oder französisch; Parmaschinken oder Bayonneschinken sind die bekanntesten und am einfachsten zu bekommen.

FÜR 4 PERSONEN

1 kg Spargel
4 Scheiben jambon cru *oder Parmaschinken*
2 hartgekochte Eier, geschält
35 g geschmolzene Butter
Salz und frisch gemahlener Pfeffer
glattblättrige Petersilie

Den Spargel schälen und alle trockenen oder harten Enden der Spargelstangen entfernen. Den Spargel zu einem Bündel schnüren und aufrecht in einen Kochtopf stellen, der 5 cm hoch mit kochendem Salzwasser gefüllt ist. Die Spargelspitzen mit einer Haube aus Alufolie bedecken, deren Rand nach innen in den Topf gedrückt wird. So lange kochen, bis ein scharfes Messer leicht in das untere Ende einer Spargelstange dringt. Frisch geschnittene junge Spargelstangen brauchen je nach Größe etwa 6–10 Minuten; größere und ältere brauchen entsprechend länger. Den Spargel gut abtropfen lassen (Kochwasser für Suppe aufbewahren) und auf vier heiße Auflaufformen verteilen.

Den Schinken in Streifen schneiden und jedes Spargelbündel damit lose umwickeln.

Die Eier halbieren. Eiweiß zerhacken, mit zerlassener Butter vermischen und leicht mit Salz und Pfeffer würzen. Die Mischung über die Spargelstangen geben. Eigelb durch ein feines Nylonsieb streichen und über das Eiweiß geben. Mit Petersilie garnieren und servieren.

CHAMPIGNONS À LA NIÇOISE
PILZE AUF NIZZA-ART

In vielen Regionen Frankreichs ist es immer noch üblich, zu Beginn einer Mahlzeit eine Auswahl von kalten Vorspeisen zu servieren. Es sind nur kleine Gerichte, aber immer sind sie interessant und köstlich – einige schwarze Oliven vielleicht und eine Handvoll frisch geernteter Radieschen, die mit Süßrahmbutter und knusprigem Brot gegessen werden. Es können auch kleine Ölsardinen sein oder, wie in Nizza und Umgebung, Zuchtpilze *(champignons de Paris)*, die mit Weißwein, Tomaten und Estragon zubereitet werden.

FÜR 3–4 PORTIONEN

450 g Ständerpilze
2 Eßlöffel fruchtiges Olivenöl
1 große Zwiebel, gehackt
1 Knoblauchzehe, fein gehackt
2 große Tomaten, gehäutet, entkernt und gewürfelt
150 ml trockener Weißwein
150 ml Wasser
Saft einer halben Zitrone
Salz und frisch gemahlener Pfeffer
1 Teelöffel feingehackter Estragon

Die Pilze mit einem feuchten Tuch abwischen, um Sandreste zu entfernen, und die Stiele putzen. Öl in einer Pfanne erhitzen und die Zwiebel darin weich dünsten. Knoblauch und Pilze unterrühren. Die Tomaten zufügen und so lange bei starker Hitze kochen, bis die Flüssigkeit der Tomaten verdunstet ist.

Wein, Wasser und Zitronensaft zugeben und leicht mit Salz und Pfeffer würzen. Bei starker Hitze die Flüssigkeit so weit einkochen, bis die Pilze nur noch leicht von der Sauce bedeckt sind. Vom Feuer nehmen und den Estragon einrühren.

Die Pilze in eine Schüssel geben und vor dem Servieren abkühlen lassen.

GNOCCHI AUX ÉPINARDS
SPINATGNOCCHI

Leuchtend grüne provenzalische Gnocchi – luftige, kleine Klöße mit dem Geschmack von Spinat und Sauerampfer – bestreut mit frischem Koriander und serviert mit Süßrahmbutter und frisch geriebenem Parmesan, sind eine appetitanregende Vorspeise, können aber auch als Hauptgang serviert werden.

FÜR 5–6 PERSONEN

450 g frischer Spinat
oder 225 g gefrorener Blattspinat
1 Handvoll Sauerampferblätter
400 g Ricotta oder Quarkkäse
2 Eigelb
55 g geriebener Parmesan
¼ Teelöffel gemahlene Muskatnuß
Salz und frisch gemahlener Pfeffer
55 g Mehl
55 g ungesalzene Butter, zerlassen
1 Eßlöffel Korianderblätter,
in kleine Stücke gerupft

Den Spinat waschen und in einen Topf geben. In 6–8 Minuten mit der geringen Wassermenge, die nach dem Waschen an den Blättern haften bleibt, bei geschlossenem Deckel weich kochen. Falls Sie gefrorenen Spinat verwenden, richten Sie sich nach der Gebrauchsanweisung auf der Packung.

Den Spinat pürieren, in den Topf zurückgeben, den Sauerampfer zufügen und solange dünsten, bis die Spinatflüssigkeit verdunstet ist. Vom Herd nehmen und abkühlen lassen.

Ricotta oder Quarkkäse mit Eigelb, Muskatnuß und der Hälfte des Parmesan verrühren. Das Spinatpüree zufügen und gut vermischen. Mit Salz und Pfeffer würzen. Mit einem Teelöffel kleine Mengen entnehmen und zu einer Kugel drehen. In Mehl wenden und auf einem bemehlten Teller legen.

Den restlichen Teig ebenso verarbeiten. Dann die Gnocchi im Kühlschrank für einige Stunden oder über Nacht kalt stellen.

Jeweils etwa 10 Gnocchis in einem Topf mit kochendem Salzwasser garen. Sie sind fertig, sobald sie an der Oberfläche des Wassers schwimmen (nach 4–5 Minuten). Mit einem Schaumlöffel aus dem Topf nehmen und auf eine heiße Servierplatte geben.

Vermischen Sie die geschmolzene Butter mit dem gehackten Koriander, und träufeln Sie sie über die Gnocchi. Mit dem restlichen Parmesan bestreuen.

PISSALADIÈRE
PROVENZALISCHE PIZZA

Heutzutage bietet fast jeder Bäcker in Südfrankreich Pizza an, die man in Quadrate geschnitten oder in der gewohnten Kreisform kaufen kann. Aus dem Teil der Provence, der an Italien grenzt, stammt diese Pissaladière, die ohne Tomaten, aber mit vielen süßlich schmeckenden Zwiebeln, die langsam in Olivenöl gedünstet werden, und mit Sardellenfilets und schwarzen Oliven zubereitet wird. Sie schmeckt sehr gut und kann ausgezeichnet als Vorspeise oder Teil eines Picknicks verwendet werden.

FÜR 10–12 PERSONEN

TEIG
225 g Weizenmehl
1 gestrichener Teelöffel Salz
15 g frische Hefe
oder 1 gestrichener Teelöffel Trockenhefe
150 ml warmes Wasser
1 Eßlöffel Olivenöl

BELAG
680 g Zwiebeln, in Scheiben geschnitten
2 Knoblauchzehen, fein gehackt
3 Teelöffel Olivenöl
50 g eingelegte Sardellenfilets
Salz und frisch gemahlener Pfeffer
herbes de Provence

Das Mehl und das Salz in eine angewärmte Schüssel sieben. Die frische Hefe mit der Hälfte des Wassers verrühren; Trockenhefe in das Wasser streuen. An einem warmen Ort stehen lassen, bis sich Blasen bilden (etwa 10 Minuten). Dann die Hefemischung mit dem restlichen Wasser und dem Öl zum Mehl geben. Gut miteinander vermischen, dann 5 Minuten kneten, bis der Teig elastisch ist. Den Teig zurück in die Schüssel legen, mit Frischhaltefolie abdecken und an einem warmen Ort etwa eine Stunde gehen lassen, bis sich der Teig nahezu verdoppelt hat.

Währenddessen das Öl in der Pfanne erhitzen und Zwiebeln und Knoblauch zugeben. Zugedeckt über kleiner Flamme etwa 30 Minuten dünsten, bis die Zwiebeln weich, aber noch goldfarben sind. Vom Herd nehmen und abkühlen lassen.

Den Teig auf eine bemehlte Arbeitsfläche geben und eine Minute lang kneten, zu einem 30 cm großem Kreis ausrollen und auf ein gefettetes Backblech oder in eine gefettete Springform geben. Die Zwiebelmischung über den Teig verteilen und mit Sardellenfilets und schwarzen Oliven garnieren. Leicht mit Salz und Pfeffer würzen und mit *herbes de Provence* bestreuen.

Das Backblech weitere 30 Minuten an einem warmen Ort stehen lassen, bis der Teig aufgegangen und luftig ist. Bei starker Hitze (220° C, Gas: Stufe 3) 25–30 Minuten backen. Heiß oder kalt servieren.

HERBES DE PROVENCE – *Jeder Marktstand in der Provence, der Kräuter und Gewürze verkauft, wird auch diese Mischung aus getrockneten Kräutern anbieten – Rosmarin, Salbei, Thymian, Majoran, Basilikum, Fenchel, Oregano und Minze –, die als* herbes de Provence *bekannt ist und in kleinen Leinensäckchen (oft in wunderbaren Farben), Plastiktütchen oder chinesischen Töpfchen vertrieben wird.*

ROULADE DE POIRES ET DE POIREAUX

LAUCHROULADE MIT BIRNEN

Das Wortspiel von *Pierre und Pierrot* machte diese ungewöhnliche Geschmackskombination in Frankreich so populär. Man kann das Gemüse auch einfach als Püree zu anderen Gerichten servieren, aber ich mag es am liebsten als kleine Rouladen und serviere es als selbständigen Gang.

FÜR 6–8 PERSONEN

ROULADE
450 g Lauch, geputzt und gewaschen
115 g Butter
1 Teelöffel feingehackte Minze
Salz und frisch gemahlener Pfeffer
1 Stück Butter
2 Eßlöffel frisch geriebener Parmesan
4 Eier, getrennt
FÜLLUNG
680 g reife Dessertbirnen, geschält und gewürfelt
¼ Teelöffel gemahlener Zimt
115 g Quark

Den Lauch schneiden und bei mittlerer Hitze mit der Hälfte der Butter weich und breiig dünsten.

Die Mischung in einer Küchenmaschine pürieren. Die Minze unterrühren und mit Salz und Pfeffer würzen.

Eine Backform, 33 × 23 cm, mit gebuttertem Pergament auslegen und die Hälfte des Parmesan darüberstreuen.

Das Eigelb unter das Lauchpüree mischen. Das Eiweiß steifschlagen und unter das Püree heben. Die Soufflémischung in eine Form geben und glattstreichen. Den restlichen Parmesan darüberstreuen.

Bei mittlerer Hitze (190° C, Gas: Stufe 2–3) etwa 10–15 Minuten backen, bis alles goldfarben und aufgegangen ist.

Währenddessen die restliche Butter in einer großen Pfanne schmelzen und darin die Birnen bei mittlerer Hitze weich dünsten.

Vom Herd nehmen und leicht zerdrücken. Würzen, Zimt und Quark einrühren.

Wenn die Souffléroulade fertig gebacken ist, wird sie vorsichtig auf ein Stück Butterbrotpapier gelegt und das

Backpapier wird abgezogen. Die Birnenfüllung darüber verteilen und von der schmalen Seite her aufrollen. Auf eine heiße Servierplatte legen und sofort servieren oder nochmals kurz (max. 5 Minuten) in den heißen Ofen schieben. In Scheiben geschnitten servieren.

PAUPIETTES DE FEUILLES DE CAPUCINE

GEFÜLLTE KAPUZINERKRESSE

Die Blätter der Kapuzinerkresse haben einen interessanten pfeffrigen Geschmack, der sie zu einer ausgezeichneten Zutat für grünen Salat macht.

In diesem Rezept des großen französischen Kochbuchautors Prosper Montagné werden die Blätter mit einer Mischung aus Sardellen und Kräutern gefüllt und in Wein pochiert. In Montagnés Beschreibungen findet sich auch ein Rezept für gefüllte Blüten der Kapuzinerkresse, die früher im Südwesten Frankreichs häufig als Zutat verwendet wurden.

FÜR 4–6 PERSONEN

24–30 Blätter der Kapuzinerkresse
1 Teelöffel Kapern, abgespült und gehackt
1 kleine Gewürzgurke, fein gehackt
1 Teelöffel feingehackte Petersilie
1 Teelöffel feingehackter Kerbel
50 g eingelegte Sardellenfilets
150 ml trockener Weißwein
1 Eßlöffel Kräuteressig
1 Zweig Thymian
1 Lorbeerblatt
2 Eßlöffel Olivenöl

Die Stengel von den Kresseblättern abschneiden.

Kapern, Gewürzgurke, Petersilie und Kerbel mischen. Die Sardellenfilets in schmale Streifen schneiden und so berechnen, daß auf jedes Blatt ein Streifen kommt.

In die Mitte jedes Blattes einen kleinen Klecks der Kräutermischung geben und mit einem Sardellenstreifen

belegen. Die Blätterseiten einschlagen und wie eine Zigarre aufrollen, wobei der Blattsaum unten liegt. Die gefüllten Blätter in einen flachen Topf geben und mit Wein und Essig aufgießen. Thymian und Lorbeerblatt hinzufügen und bei kleiner Hitze etwa 10–15 Minuten köcheln lassen (150° C, Gas: Stufe 1).

Die gefüllten Blätter auf eine Servierplatte geben. Den im Topf verbleibenden Wein bei starker Hitze auf etwa 2 Eßlöffel reduzieren. Thymianzweig und Lorbeerblatt ent-

MONETS KAPUZINERKRESSE – *Der impressionistische Maler Claude Monet verbrachte mehr als 40 Jahre in Giverny. Für seine Freunde schuf er ein kleines Paradies, in dem sie sicher sein konnten, gutes Essen in einer unvergleichbaren Umgebung aus Licht und Farben genießen zu können.*

fernen und mit dem Olivenöl vermischen. Die Kresseblätter mit dem Dressing begießen und bis zum Servieren kalt stellen.

FISCH UND SCHALENTIERE

Es kommt selten vor, daß in Frankreich ein gutes Fisch- oder Schalentiergericht serviert wird, das keine Kräuter enthält, die den Geschmack prägen oder andere Gewürze verfeinern.

TRUITE DE MER AU FENOUIL ET À LA CRÈME
DE L'OSEILLE *(S. 57)*

VIELLEICHT gibt es kein anderes Gericht, das die Kochkunst der feinen französischen Küche so eindrucksvoll offenbart, wie ein mit Kräutern gegarter Fisch. Bisher habe ich nur auffallend wenige delikate Fischrezepte gefunden, die ohne Kräuter auskommen. Auch wenn die Kräuter für ein Gericht nicht geschmacksbestimmend sind, bereite ich doch äußerst selten Fisch gänzlich ohne Kräuter zu – zumindest füge ich jedesmal ein Lorbeerblatt oder ein wenig Petersilie hinzu. Das zarte Aroma eines frischen Krauts verleiht dem Fischgeschmack nicht nur eine neue Dimension, sondern ich glaube sogar, daß sich beides einfach ideal ergänzt. Überzeugen Sie sich selbst von der wohltuenden Kombination von Sauerampfer und Lachs. Der Lachs erhält durch den etwas scharfen Zitronengeschmack des Sauerampfers eine besondere Tiefe, und das Kraut hilft gleichzeitig, den Fisch leichter verdaulich zu machen.

KRÄUTERESSIG

Die meisten Fische, die in einer *boullion* oder einem *fumet* (Fond) gegart werden, gewinnen mit einem Schuß (oder, wie der Franzose sagt, *un filet)* Kräuteressig an Geschmackstiefe. Diese aromatischen Essigsorten spielen auch eine Rolle bei der Herstellung von köstlichen Marinaden, Saucen und bei vielen anderen Rezepten.

Um 500 ml weißen Weinessig zu aromatisieren, benötigt man 3 oder 4 Zweige eines frischen Krauts (siehe unten). Einfach den Essig in eine Flasche gießen – ich bevorzuge allerdings Flaschen, die schön genug sind, damit ich sie auch auf den Tisch bringen kann, um während des Essens ein Dressing zu mischen. Stecken Sie die Kräuterzweige in die Flasche mit dem Essig, versiegeln Sie die Öffnung, und lassen Sie die Flasche 1–3 Wochen an einem sonnigen Platz stehen, bis der Essig dem Kraut die aromatischen Öle entzogen hat. Je nach Geschmack können Sie die Zweige in der Flasche lassen oder aber auch entfernen. Ich lasse sie am liebsten darin.

Für die Herstellung französischer Kräuteressige werden hauptsächlich folgende Kräuter verwendet: Basilikum, Bohnenkraut, Dill, Estragon, Fenchel, Holunderblüten, die Blüten der Kapuzinerkresse, Kerbel, Knoblauch, Wacholder, Lavendel, Liebstöckel, Majoran, Minze, Oregano, Rocambole, Rosmarin, Salbei, Thymian.

Obwohl es üblich ist, Essigsorten mit nur einem Kraut herzustellen, kann man auch Kombinationen verschiedener Kräuter ausprobieren, wie z. B. Knoblauch mit Oregano. Die besten Ergebnisse erzielt man, wenn man die einzelnen Kräuter getrennt wirken läßt. Lassen Sie zuerst, wie oben beschrieben, den Knoblauch wirken. Dann den Essig zurück in die Flasche seihen und den Oregano zugeben. Nach 1–3 Wochen den aromatisierten Essig erneut abseihen oder die Kräuter in der Flasche lassen.

HIMBEERESSIG

Eine weitere Raffinesse ist ein durch Kräuter aromatisierter Fruchtessig. Meiner Meinung nach bietet Himbeeressig eine gute Basis für bestimmte Kräuter, wie Estragon, Basilikum und Minze. Füllen Sie ein Glas mit frischen Himbeeren, und gießen Sie mit hellem Weinessig auf. Mit einem luftdichten Deckel verschließen und 3 Tage an einem dunklen Ort bei Raumtemperatur stehen lassen. Den Essig abseihen und den Vorgang mit frischen Himbeeren wiederholen. Den Essig in eine Flasche abseihen. Der Himbeeressig ist jetzt gebrauchsfertig oder kann noch mit Kräutern aromatisiert werden.

KRÄUTER- UND WEINAUFGÜSSE

Eine abschließende Variante, die ganz kurzfristig zubereitet werden kann, ist ein Aufguß aus Wein und Kräutern, den man für Fisch-*fumet, bouillon* oder Brühe verwendet oder auch löffelweise reichhaltigen oder cremigen Soßen zufügen kann. Wählen Sie den Wein aus, den Sie für das Rezept verwenden wollen. Am besten eignet sich dazu ein trockener Weißwein. Den Wein in eine kleine Flasche mit Stöpsel gießen und die Kräuter zufügen. An einem warmen Ort 3–4 Stunden stehen lassen, bis der Wein das Aroma der Kräuter angenommen hat.

MERLU À L'ESTRAGON
ET À L'ORANGE

SEEHECHT MIT ESTRAGON
UND ORANGEN

Beim ersten Mal habe ich für dieses Gericht ausgewählt feine Stücke vom Seehecht verwendet, doch es läßt sich auch mit Seezungenfilets und ganzen Schollen hervorragend nachkochen. Man muß lediglich die Garzeit der Größe und Art des Fisches anpassen und kann im übrigen dem Rezept folgen.

FÜR 4 PERSONEN

4 Stücke vom Seehecht (etwa 2,5 cm dick)
30 g Butter
Salz und frisch gemahlener Pfeffer
4 Zweige Estragon
150 ml Milch
½ Teelöffel feingehackter Estragon
½ Teelöffel feingeriebene Orangenschale
4 Eßlöffel Crème double

Die Hälfte der Butter großzügig in einer feuerfesten, flachen Form verteilen, die groß genug ist, den Fisch einlagig aufzunehmen. Den Fisch hineinlegen und leicht mit Salz und Pfeffer würzen. Auf jedes Stück Fisch ein Estragonzweigchen legen und die Milch eingießen. Die restliche Butter flöckchenweise auf den Fisch verteilen und das Ganze mit gefettetem Papier abdecken.

Bei mittlerer Hitze im Ofen 10–15 Minuten (180° C, Gas: Stufe 2) backen oder bis der Fisch weißlich ist und sich das Fleisch von den Gräten zu lösen beginnt. Den Kochsud in einen kleinen Topf gießen und den Fisch, zugedeckt mit dem gefetteten Papier, im Kochgeschirr oder auf einer heißen Servierplatte warm halten.

Geben Sie den gehackten Estragon und die Orangenschale zum Kochsud und lassen Sie das Ganze 2 Minuten köcheln. Die Crème double einrühren und erwärmen. Die Sauce abschmecken und bei Bedarf nachwürzen. Die Sauce über den Fisch verteilen und servieren.

SOLE AU
BEURRE DE CITRON VERT

MIT LIMONENBUTTER GEFÜLLTE
SEEZUNGE

Die passende Kräuterbutter kann den Eigengeschmack eines Fisches hervorheben. Bei diesem Gericht erhält einfache Schnittlauchbutter durch das Aroma einer Limonenschale einen pikanten Hauch, der die Seezunge erst richtig zur Geltung bringt.

FÜR 4 PERSONEN

4 Seezungen
Salz
150 g weiche Butter
Saft und feingeriebene Schale einer Limone
1 Eßlöffel gehackter Schnittlauch
2 Eßlöffel Paniermehl

Die Köpfe und die dunkle Haut der Fische entfernen. Mit der Küchenschere die stachligen Flossen abschneiden. Mit einem scharfen Messer auf beiden Seiten des Rückgrats eine Tasche einschneiden. Den Fisch leicht salzen und in eine gebutterte feuerfeste Form legen.

115 g der Butter mit dem Limonensaft und der Hälfte der Limonenschale vermischen und den Schnittlauch unterrühren. Die Butter in die Taschen der einzelnen Fische verteilen.

Die restliche Butter schmelzen und die Fische damit bepinseln. Das Paniermehl mit der restlichen Zitronenschale vermischen und über die Fische streuen.

Bei mittlerer Hitze (180° C, Gas: Stufe 2) etwa 25–30 Minuten im Ofen garen lassen.

BOURRIDE

Im neunzehnten Jahrhundert war dieses köstliche knob-
lauchreiche Fischgericht in der Provence als *aïoli-bourride*
bekannt, ein Name, der auf die Hauptzutat verweist,
nämlich die wundervoll aromatische Mayonnaise aus dem
Midi – *aïoli*.

Eine Bourride enthält eine Auswahl verschiedener
weißer Meeresfische; in Frage kommen: Barsch, Stein-
butt, Glattbutt, Seeteufel, Knurrhahn, Meerbrasse oder
Aal. Wenn ich dieses Gericht für ein großes Familienfest
zubereite, füge ich manchmal noch einige Krevetten, ein
bis zwei Langusten und eine Handvoll Muscheln hinzu,
um das Gericht in Farbe und Geschmack noch interessan-
ter zu gestalten.

FÜR 4–6 PERSONEN

1–1½ kg Fisch mit Gräten
1 l Wasser
150 ml trockener Weißwein
der weiße Teil einer Lauchstange, geschnitten
1 Lorbeerblatt
1 Fenchelknolle
oder 1 Teelöffel Fenchelsamen
einige Zweige Thymian
etwas Petersilie
ein Streifen Orangenschale
4–5 Eigelb
2–3 Knoblauchzehen, zerdrückt
300 ml Olivenöl
1 Stange Sellerie
Salz und frisch gemahlener Pfeffer
frisch gekochte Schalentiere,
wie z. B. Krevetten, Langusten, Muscheln
(wahlweise)
frisch gehackte Petersilie
8–12 Stück französisches Brot, getoastet

Den Fisch filetieren, die Haut entfernen und das Fleisch in
Stücke und dicke Scheiben schneiden.

Fischköpfe und -gräten mit Wasser, Wein, Lauch,
Kräutern und Orangenschale 10–15 Minuten zu einer
court bouillon köcheln lassen.

Währenddessen aus zwei Eigelben, Knoblauch und Olivenöl eine *aïoli* nach dem Mayonnaiserezept herstellen
(siehe Seite 38).

Die *court bouillon* in einen Topf seihen, Sellerie hinzufügen und leicht würzen. Den Fisch pochieren, wobei die
größeren, dickeren Stücke zuerst eingelegt werden, aber
darauf achten, daß er nicht zu lange kocht. Den gut abge-
tropften, gekochten Fisch auf eine große, heiße Servierplatte legen. Den Kochsud für die Sauce aufbewahren.

In einem anderen Topf die Hälfte der *aïoli* mit dem restlichen Eigelb und 300 ml des heißen Fischsuds verschlagen, bis sie einzudicken beginnt.

Die gelbe Sauce über den Fisch auf der Platte geben und Petersilie darüber streuen. Zum Servieren zwei oder drei Scheiben Toast in einen Suppenteller legen und etwas

BOURRIDE

Fisch und Sauce darübergeben. Gekochte Kartoffeln und die restliche *aïoli* getrennt dazureichen.

CALMARS À L'ÉTUVÉE
GESCHMORTER TINTENFISCH

Im mediterranen Frankreich ist Tintenfisch hauptsächlich unter dem Namen *calmar* bekannt und wird auch als solcher zum Verkauf angeboten. Der anschaulichere Name *encornet*, der auf die kornettartige Gestalt des Fisches verweist, wird ebenso verwendet. Ich schneide den Fisch in Ringe und fritiere die bemehlten Ringe, um sie heiß mit einer Schüssel *aïoli* zu servieren, oder ich koche den Fisch langsam, nach dem meisterhaften Rezept aus Alan Davidsons Buch *Mediterranean Seafood*.

FÜR 6 PERSONEN

900 g Tintenfisch, gesäubert
150 ml Olivenöl
3 mittelgroße Zwiebeln, in Scheiben geschnitten
2 Knoblauchzehen, gehackt
150 ml Rotwein
Salz und frisch gemahlener Pfeffer
1 Bouquet garni, zusammen mit 1 Zweig Fenchel
6 Tomaten, geschält und gehackt

Den Körper des gesäuberten Tintenfisches in etwa 0,5 cm dicke Ringe schneiden; die Tentakeln ebenso dick schneiden.

120 ml Olivenöl in einer schweren Pfanne erhitzen und Zwiebeln und Knoblauch zugeben. Bei geringer Hitze langsam dünsten, bis sie beginnen, bräunlich zu werden, dann den Tintenfisch zufügen und einige Minuten später den Wein aufgießen. Nachdem der Wein für ein bis zwei Minuten gekocht hat, die Hitze verringern und die Gewürze samt dem Bouquet garni zugeben. Die Pfanne zudecken und den Tintenfisch langsam etwa 1½ Stunden garen.

Gegen Ende der Kochzeit das restliche Olivenöl in einem kleinen Topf erhitzen und die Tomaten zufügen. Zu einem Püree einkochen, würzen und mit dem Tintenfisch vermischen. Sofort servieren.

VERDAUUNGSFÖRDERNDER FENCHEL – *Damit die Kräuter leicht von allen Seiten erreicht werden konnten, waren die Kräuterbeete in den alten Klostergärten meist so klein wie dieses Beet in einem Garten in der Normandie. Großer, buschiger Fenchel wurde bei den Mönchen in großen Mengen angebaut. Die Samen haben eine verdauungsfördernde Wirkung – was bei einem Speiseplan, der hauptsächlich aus Bohnen bestand, äußerst nötig war.*

BAR OU LOUP DE MER FLAMBÉ AU FENOUIL

SEEBARSCH, ÜBER GETROCKNETEM FENCHEL FLAMBIERT

Etwas außerhalb von Aix-en-Provence, am Ende einer gewundenen kleinen Straße, liegt das Haus und Atelier des Impressionisten Paul Cézanne. Das Atelier im oberen Stockwerk ist so belassen worden wie zu seinen Lebzeiten: Staffeleien mit Leinwand scheinen noch auf seinen Pinselstrich zu warten; auf dem Tisch, den er benutzte, um die Motive für seine Bilder aufzustellen, befinden sich Früchte, eine Flasche Wein, ein Krug und einige Zwiebeln – ein wartendes Stilleben.

Wenn man die Treppe hochsteigt, die zum Atelier führt, kommt man an einem großen Bündel Fenchel vorüber: die langen Stengel und flachen Samenköpfe sind blaßbraun und trocken. Bei diesem Anblick frage ich mich, ob Cézanne dieses vorzügliche provenzalische Gericht wohl auch so unwiderstehlich gefunden hat: schimmernder Seebarsch, über einem Bett aus getrocknetem Fenchel flambiert. Im Midi ist Seebarsch umgangssprachlich als *Loup de mer* – Meerwolf – bekannt. Er ist wahrlich der König der Mittelmeerfische.

FÜR 4 PERSONEN

700 g–1 kg Seebarsch, enthäutet und gereinigt
1 Handvoll frischer Fenchel
Saft und feingeriebene Schale einer Zitrone
Salz
etwa 4 Eßlöffel Olivenöl
2 Handvoll getrocknetes Fenchelgrün
3 Eßlöffel Pernod

Den Fisch drei bis vier Mal auf beiden Seiten diagonal einschneiden und in jeden Schnitt einige Blätter frischen Fenchel stecken. Den restlichen frischen Fenchel in den Bauch des Fisches geben und mit etwas Zitronenschale, Zitronensaft und Salz beträufeln.

Den Fisch großzügig mit Olivenöl einpinseln, mit Salz bestreuen und auf einen gefetteten Grillrost oder in einen Fischrost legen. Beide Seiten über mittlerer Hitze etwa 8 Minuten grillen. Währenddessen mehrmals mit Öl bepinseln.

Den getrockneten Fenchel auf einer feuerfesten Platte anrichten und den Seebarsch darauflegen. Den Pernod in einem kleinen Pfännchen oder einem Gießpfännchen erwärmen und anzünden. Sofort über den Fisch gießen, damit der getrocknete Fenchel Feuer fängt und brennt, um dem Fisch sein charakteristisches Aroma zu verleihen. Sofort servieren.

RAIE AU BEURRE NOISETTE ET AUX CAPRES

ROCHEN MIT BRAUNER BUTTER UND KAPERN

In ländlichen Gegenden serviert man in Frankreich am Markttag meist Fisch, wenn glänzender frischer Fisch an den fahrenden Ständen erhältlich ist. Dieses Gericht aus dem klassischen Repertoire der *cuisine bourgeoise* wird in ganz Frankreich gekocht. Im Midi allerdings sind die Kapern, mit denen der Fisch garniert wird, unvergleichlich köstlich, fleischig und aromatisch.

FÜR 2 PERSONEN

2 Rochenflügel
85 g Butter
1 Eßlöffel Kapern, abgespült und getrocknet
1 Eßlöffel Zitronensaft oder Weißweinessig
1 Eßlöffel gehackte Petersilie

Den Fisch unter kaltem Wasser abspülen und trockentupfen.

Die Butter in einem kleinen Pfännchen schmelzen und etwa die Hälfte der klaren Flüssigkeit in eine Bratpfanne gießen. Den Fisch auf beiden Seiten etwa 3–4 Minuten leicht anbraten und dann auf eine angewärmte Servierplatte legen.

Die restliche Butter in einem kleinen Pfännchen erhitzen, bis sie anfängt braun zu werden und leicht nussig riecht. Sofort vom Feuer nehmen und die Kapern, Zitronensaft oder Weißweinessig und Petersilie zugeben. Das Ganze über den Fisch geben und sofort servieren.

SARDINES AUX FEUILLES DE VIGNE AU PERSILLADE

GEGRILLTE SARDINEN IN WEINBLÄTTERN MIT PETERSILIE UND KNOBLAUCH

Eine der besten Arten, Sardinen zuzubereiten, besteht darin, sie in leuchtend grüne Weinblätter gehüllt auf einem Rost zu grillen. Wenn es außerdem möglich ist, das Feuer mit Reisig von Weinstöcken zu belegen, erhält der Fisch ein unvergeßliches Aroma von Wein und Rauch. Die Zweige einfach kurz vor dem Grillen auf das brennende Feuer legen. Eine gute Alternative zu Weinstockreisig ist ein Bündel Rosmarin. In der Provence wird die Mischung aus gehackter Petersilie und Knoblauch, bekannt unter dem Namen *persillade*, auch zu anderen gegrillten Fischen serviert.

FÜR 4–6 PERSONEN

1 kg sehr frische Sardinen
24–40 Weinblätter, je nach Größe
PERSILLADE
2–3 Knoblauchzehen
1 großer Bund Petersilie
Saft und feingeriebene Schale einer Zitrone
1–2 Eßlöffel Olivenöl

Den Fisch unter kaltem Wasser waschen und gut mit Küchenpapier abtrocknen. Dann an einen kühlen Ort stellen, bis die *persillade* zubereitet ist.

Den Knoblauch zusammen mit den Blättern der Petersilie sehr fein hacken. Etwas feingeriebene Zitronenschale zugeben und die Mischung mit Zitronensaft und Olivenöl befeuchten. Die *persillade* in einen Topf oder eine Schüssel geben.

Jede Sardine in ein bis zwei Weinblätter wickeln und sofort auf den Grillrost legen. Man kann den Fisch auch in einer leicht gefetteten Pfanne auf dem Herd braten. Den Fisch je nach Größe etwa 4–8 Minuten garen und einmal umwenden.

Vom Feuer nehmen und die Weinblätter entfernen, wobei sich gleichzeitig die Haut des Fisches ablösen wird. Etwas *persillade* darübergeben und mit Zitronenstückchen und französischem Brot servieren.

CEVICHE DE TRUITE AU MARC ET AU ROMARIN

REGENBOGENFORELLE MIT ROSMARIN, IN BRANNTWEIN MARINIERT

Ceviche ist ein kaltes Fischgericht, in dem der Fisch ein bis zwei Tage in einer aromatischen, sauren Marinade eingelegt wird, bis das Fleisch wie gekocht aussieht. Der Fisch schmeckt ungewöhnlich delikat und ist mit keinem gekochten Fischgericht vergleichbar. Für meine Version von Ceviche verwende ich am liebsten rosafleischige Regenbogenforellen, da die hübsche Farbe dieses Gericht noch attraktiver macht.

FÜR 6 PERSONEN

3–4 Regenbogenforellen, filetiert
4 Teelöffel Meersalz
2 Teelöffel Zucker
½ Teelöffel grüne Pfefferkörner, grob zerstoßen
3–4 Zweige frischer Rosmarin
2 Eßlöffel marc de Bourgogne *oder Irischer Whisky*
GARNIERUNG
einige Zweige Rosmarin

Den Fisch trockentupfen (nicht enthäuten), Salz und Zucker vermengen und über den Fisch streuen. Die Hälfte der Filets, Hautseite nach unten, auf Frischhaltefolie in eine Schüssel legen. Grünen Pfeffer darüberstreuen und einen Rosmarinzweig auf jedes Filet legen. Den Branntwein oder Whisky über den Fisch gießen und die verbleibenden Filets, Hautseite nach oben, darüberlegen. Die Folie eng um den Fisch spannen und das Ganze mit einer Platte beschweren. Ein bis zwei Tage kalt stellen.

Den Fisch auswickeln, Rosmarin entfernen und jedes Filet in 1 cm dicke, diagonale Streifen schneiden. Den Fisch auf sechs kleinen Tellern anrichten und mit frischem Rosmarin garnieren. Mit dünnen Scheiben gebuttertem Roggenbrot servieren.

SARDINES AUX FEUILLES DE VIGNE AU PERSILLADE

TRUITES
AUX HERBES EN CHEMISE

MIT KRÄUTERN GEFÜLLTE
FORELLE IM SCHLAFROCK

Die Forellen, die in den klaren, glitzernden Bergflüssen Frankreichs leben, gehören zu den besten Forellen der Welt. In der Ardèche ist dieser flinke Fisch, der, sobald man ihn erblickt, blitzschnell in die kühlen Schattenbereiche des Flusses schießt, aufgrund seines feinen Geschmacks auch unter dem Namen *perdrix des eaux douces* – Süßwasser-Rebhuhn – bekannt. Dieses Rezept verleiht der Forelle den erfrischenden Geschmack von Minze; der Fisch wird in Salatblätter gehüllt und in Alufolie eingewickelt. Wir braten den Fisch am liebsten über einem offenen Feuer oder einem Grill, aber er kann natürlich auch im Ofen gegart werden.

FÜR 4 PORTIONEN

4 Forellen, gesäubert und filetiert
Salz
Saft und feingeriebene Schale einer Zitrone
55 g Semmelbrösel
1 Eßlöffel feingehackte Petersilie
1 Eßlöffel feingeschnittener Schnittlauch
2 Handvoll Minzeblätter, fein gehackt
frisch gemahlener Pfeffer
2–3 Eßlöffel Milch
etwas Sonnenblumenöl oder Safloröl
1 Kopfsalat
mit weichen, geschmeidigen Blättern

Den Fisch von innen und außen leicht mit Salz und Zitronensaft beträufeln. Während die Füllung zubereitet wird, den Fisch an einem kühlen Ort auf einem Teller ziehen lassen.

Die Semmelbrösel mit Petersilie, Schnittlauch und Minze vermengen. ½ Teelöffel Zitronenschale zufügen und mit Salz und Pfeffer würzen. Mit ausreichend Zitronensaft und Milch verrühren, um die Mischung zu binden. Die Füllung in vier Portionen aufteilen und in die Fische geben.

Jeden Fisch in 3–4 Salatblätter hüllen und mitten auf ein Stück leicht eingefettete Alufolie legen. Die Enden gut verschließen. Die Fischpakete bis zum Braten in den Kühlschrank legen.

Die Fischpakete direkt auf den Grill legen und unter mehrmaligem Wenden braten, je nach Größe 15–25 Minuten. Oder im Ofen bei 180° C backen (Gas: Stufe 2).

DEKORATIVER LORBEER – *Es kann 15–20 Jahre dauern, bis ein Lorbeerbaum diese perfekte Form erreicht hat. Derartig dekorative Lorbeerbäume waren charakteristisch für die kunstvollen französischen Gärten des siebzehnten und achtzehnten Jahrhunderts, die mit beschnittenen Buchsbaumhecken bepflanzt waren.*

TRUITE DE MER AU FENOUIL ET À LA CRÈME DE L'OSEILLE

LACHSFORELLE MIT FRISCHEM FENCHEL UND SAUERAMPFERCREME

Die Lachs- oder Meerforelle ist ein sehr zarter Fisch, der am besten zur Geltung kommt, wenn man ihn unzerteilt gart und kalt serviert. Der vorzügliche Geschmack des Fisches wird durch eine zartgrüne Sauerampfercreme untermalt. Auf einer mit Fenchelgrün garnierten Platte ist die Forelle der hübsche Mittelpunkt eines kalten Buffets oder eines festlichen Abendessens.

FÜR 6–8 PERSONEN

1,5–2 kg Lachsforelle, gewaschen
Salz
1 großer Bund frisches Fenchelgrün
150 ml trockener Weißwein

SAUERAMPFERCREME
100 g Sauerampferblätter
½ Teelöffel geriebene Zitronenschale
und Saft einer halben Zitrone
1 dünne Scheibe Knoblauch, zerdrückt
Salz und frisch gemahlener schwarzer Pfeffer
300 ml Crème double
etwas Balsam- oder Weißweinessig

Ein möglichst großes Backblech mit einer doppelten Schicht Alufolie bedecken, in die die Lachsforelle später eingewickelt wird. Das Innere des Fisches mit einer Prise Salz und ein wenig Fenchelgrün würzen. Den Fenchel auf dem Backblech ausbreiten, die Forelle darauflegen und ebenfalls mit Fenchel bedecken. Das Ganze wird mit Wein übergossen und in Alufolie gewickelt.

Die Backzeit beträgt je nach Größe des Fisches 25–30 Minuten bei mittlerer Hitze (190° C, Gas: Stufe 2–3). Für die Garzeit ermitteln wir die dickste Stelle des auf der Seite liegenden Fisches und rechnen 10 Minuten pro 2,5 cm. Sobald der Fisch eine dunkelrosa Farbe angenommen hat, ist er fertig. Aus dem Ofen nehmen und 10 Minuten beiseite stellen. Vergessen Sie nicht, daß der Fisch beim Abkühlen leicht weitergart.

Die Folie und den gekochten Fenchel entfernen, und die Forelle auf eine Platte legen. Um den Fisch zu häuten, die Haut direkt hinter dem Kopf bogenförmig einschneiden und die Haut ganz oder auch Stück für Stück ablösen. Darauf achten, daß der Schwanz unversehrt bleibt. Damit das rosafarbene Fleisch richtig zur Geltung kommt, muß die graue, fette Schicht abgeschabt werden. Die Lachsforelle und die Platte werden dann mit Fenchelgrün garniert und an einen kühlen Ort gestellt, während die Sauerampfercreme zubereitet wird.

Die Sauerampferblätter waschen, abtropfen lassen und bei mittlerer Hitze in eine Pfanne geben, bis das überschüssige Wasser entzogen ist und die Blätter weich sind. Der Sauerampfer wird anschließend püriert und durch ein Sieb gestrichen. Den Knoblauch und die Zitronenschale hinzufügen. Die Sahne schlagen, bis sie steif, aber noch glatt ist, und nach und nach den pürierten Sauerampfer hineingeben. Zuletzt alles mit Pfeffer, Zitronensaft und Essig nach Geschmack würzen. Die Sauerampfercreme in ein Gefäß geben und zusammen mit der Lachsforelle servieren.

GARTEN AM BERGHANG – *Ein terrassierter Küchengarten über einem der üppig grünen Täler zwischen den kargen Plateaus der Region von Quercy im Südwesten Frankreichs (folgende Seite). Alte, überwucherte Mauern schützen die Reihen von Gemüse und Kräutern, und in einem Tank sammelt sich weiches Regenwasser.*

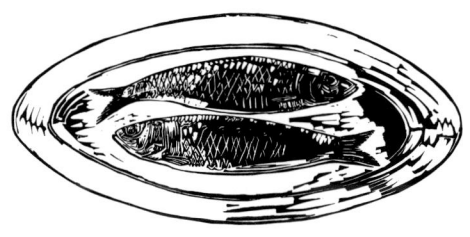

TERRINE DE SAUMON ET DE SOLE AUX HERBES

LACHS- UND SEEZUNGENTERRINE MIT KRÄUTERN

Dieses hübsche rosa-, weiß- und grünfarbige Fischgericht, aromatisiert mit einer Kräutermischung, ist eine delikate Hauptspeise für ein Sommermittagessen im Garten.

Die Terrine wird mit einem Dressing aus Öl und Essig serviert. Beides ist mit Estragon aromatisiert, wodurch ein feineres Aroma entsteht, als durch Zugabe von gehacktem Estragon.

FÜR 4–6 PERSONEN

225 g Lachsfilet,
gehäutet und in lange, schmale Streifen geschnitten
225 g Seezungenfilet,
gehäutet und in lange, schmale Streifen geschnitten
225 g frischer Spinat
150 ml Frischkäse oder feinkörniger Hüttenkäse
1 großes Ei
1 Eßlöffel feingehackte Petersilie
2 Teelöffel feingeschnittener Schnittlauch
1 Teelöffel feingehackter Estragon
¼ Teelöffel Salz
etwas frisch gemahlene Muskatnuß
4–6 Eßlöffel Estragonöl
(Seite 118)
1 Eßlöffel Estragonessig
(Seite 48)

Den Spinat waschen, in kochendes Salzwasser geben und 5–7 Minuten lang kochen, bis er weich, aber immer noch grün ist. Dann den Spinat gut abtropfen lassen, pürieren und in den Topf zurückgeben. Das Püree über mittlerer Hitze rühren, bis das überschüssige Wasser verdampft ist, anschließend abkühlen lassen.

Den Spinat durch ein Sieb streichen und sorgfältig mit dem Frischkäse, Ei, Kräutern, Salz und Muskatnuß verrühren.

Eine 450-g-Kastenform mit gefettetem Pergamentpapier auslegen und ein Drittel der Spinat-Kräutermischung in die Form geben. Mit der Hälfte der Fischstreifen bedecken, ein weiteres Drittel der Kräutermischung darübergeben, wiederum eine Lage Fisch und abschließend

den Rest der Spinat-Kräutermischung. Alles mit gefettetem Pergamentpapier abdecken und im Wasserbad bei mittlerer Hitze (180° C, Gas: Stufe 2) etwa 45–60 Minuten kochen, bis es in der Mitte gar ist. Über Nacht in der Form abkühlen lassen.

Stürzen und in Scheiben schneiden. Mit einem Dressing aus Estragonöl und Estragonessig, mit etwas Salz abgeschmeckt, servieren.

MOUSSE DE SAUMON À L'ANETH

LACHS-MOUSSE MIT DILL

Das Schwanzstück eines Lachses ist meist preiswerter als das Mittelstück und eignet sich ausgezeichnet zur Zubereitung dieser kleinen, delikaten Schaumspeisen, die heiß mit Sauce Hollandaise serviert werden.

FÜR 4 PERSONEN

200 g frischer Lachs,
gehäutet, ohne Gräten und gekühlt
1 Ei, gekühlt
120 ml Crème double, gekühlt
Salz und frisch gemahlener Pfeffer
¼ Teelöffel gehackter Dill oder Schnittlauch
1 Stück Butter

SAUCE HOLLANDAISE

3 Eßlöffel Kräuteressig,
mit Dill oder Schnittlauch aromatisiert
6 Pfefferkörner
½ Lorbeerblatt
1 Muskatblüte
2 Eigelb
85–115 g weiche Butter
Salz und frisch gemahlener Pfeffer
einige Zweige Dill

Den Lachs in Stücke schneiden und zusammen mit dem Ei und der Crème double in die Schüssel einer Küchenmaschine geben. Das Ganze etwa drei Minuten pürieren, bis es eine feste Konsistenz annimmt. Mit Salz und Pfeffer würzen und Dill oder Schnittlauch unterrühren.

Die Mischung auf vier gut gebutterte Förmchen aufteilen und die Oberfläche glattstreichen. Im Wasserbad bei mittlerer Hitze (180° C, Gas: Stufe 2) etwa 15–20 Minuten stocken lassen.

In der Zwischenzeit die Sauce Hollandaise zubereiten. Den Essig mit den Pfefferkörnern, dem Lorbeerblatt und der Muskatblüte einkochen, bis etwa 2 Teelöffel Flüssigkeit übrig sind. In eine Schüssel seihen und mit einem Schneebesen das Eigelb und ein kleines Stück Butter unterschlagen. Die Schüssel in ein Wasserbad stellen und bei geringer Hitze langsam die restliche Butter unterschlagen. Die Sauce darf nicht zu heiß werden; die Schüssel in kaltes Wasser tauchen, falls die Sauce sich zu trennen beginnt. Sobald die ganze Butter sich aufgelöst hat, die Schüssel herunternehmen. Manchmal füge ich etwas gehackten Dill hinzu, um den Geschmack der Mousse zu verstärken.

Zum Servieren die Mousse auf kleine heiße Teller stürzen, etwas Sauce Hollandaise hinzugeben und das Ganze mit einem Zweig Dill garnieren.

FILETS DE SAINT PIERRE AU CERFEUIL

HERINGSKÖNIG-FILETS MIT KERBEL

Die charakteristischen dunklen Flecken auf beiden Seiten des Nackens geben dem Heringskönig seinen zweiten Namen: *Saint Pierre*, Petersfisch. Nach einer Legende sind sie die Fingerabdrücke des Heiligen Petrus. Dieser Fisch wird von französischen Küchenchefs und Köchen hauptsächlich wegen seines zarten Fleisches und Geschmacks bevorzugt.

Mit seinen scharfen Flossen und seinem großen Kopf sieht der Heringskönig derart gefährlich aus, daß man am besten nur die Filets verarbeitet. Ich serviere dieses Gericht entweder nur mit einigen gekochten Kartoffeln, denen ich gehackte Minze zufüge, oder ich umlege den Fisch mit jungem Gemüse, das ich mit grüner Butter zubereite (siehe Gougère, Seite 112).

FÜR 4 PERSONEN

680 g Heringskönig-Filets, enthäutet
2 Eßlöffel Zitronensaft
Salz
4 Eßlöffel Haselnußöl
150 ml Crème double
1 Eßlöffel feingehackter Kerbel
½ Teelöffel frisch gemahlener Koriandersamen

ZUM GARNIEREN
einige Blätter Kerbel

Den Heringskönig in 3 cm dicke diagonale Streifen schneiden, mit Zitronensaft beträufeln und mit etwas Salz bestreuen.

Die Hälfte des Öls in einer großen Pfanne erhitzen und die Hälfte der Filets vorsichtig darin braten, bis sie gar sind (etwa 4–5 Minuten). Darauf achten, daß der Fisch nicht zu lange brät oder trocken wird. Den Fisch mit einem Schaumlöffel aus der Pfanne nehmen und warm stellen. Den restlichen Fisch im verbleibenden Öl braten.

Die Pfanne mit Küchenpapier sauberreiben und die Crème double mit dem gehackten Kerbel und dem Koriander hineingeben. Das Ganze zum Kochen bringen und etwa 2 Minuten köcheln lassen, damit sich das Aroma des Kerbels entfalten kann. Den Fisch zurück in die Pfanne geben und nochmals erhitzen. Alles auf eine angewärmte Platte geben und mit Kerbelblättern garnieren.

ROUGET DE ROCHE PROVENÇALE

ROTBARBE MIT TOMATEN UND OREGANO

In Südfrankreich ist die Rotbarbe hauptsächlich unter dem Namen *rouget de roche* bekannt, aber der Fisch hat auch noch andere Namen: *apagon, barbarin* und *becasse de mer*. Den letzten Namen, Schnepfe des Meeres, verdankt der Fisch seinem wildähnlichen Geschmack, der bei beiden Tieren dadurch zustande kommt, daß sie mit der Leber gebraten werden.

FÜR 4–6 PERSONEN

*4–6 mittelgroße Rotbarben,
geschuppt und gesäubert
3 Eßlöffel fruchtiges Olivenöl
1 mittelgroße Zwiebel, geschnitten
1 Knoblauchzehe, gehackt
450 g Tomaten, geschält und gehackt
1 grüne oder rote Parikaschote,
entkernt und gewürfelt
1 Teelöffel Zucker
1 Teelöffel gehackter frischer Oregano
oder ½ Teelöffel getrockneter Oregano
Salz und frisch gemahlener Pfeffer
gewürztes Mehl (wahlweise)
Öl zum Backen oder Braten*

Den Fisch unter kaltem Wasser spülen und mit Küchenpapier trocknen. Das Olivenöl in einer Pfanne erhitzen und darin die Zwiebel und den Knoblauch golden dünsten. Die Tomaten, die Paprikawürfel, Zucker, Oregano und ein wenig Salz und Pfeffer hinzufügen. Das Ganze zum Kochen bringen und etwa 20 Minuten köcheln lassen, bis es dickflüssig wird.

Den Fisch backen oder braten. Zum Backen bepinseln Sie den Fisch mit Öl, geben ihn in eine feuerfeste Form, und backen ihn bei mittlerer Hitze (190° C, Gas: Stufe 2–3) etwa 8–12 Minuten oder bis das Fleisch weißlich ist. Zum Braten den Fisch in gewürztem Mehl wenden und auf beiden Seiten etwa 4 Minuten in Öl braten.

Den Fisch auf eine flache feuerfeste Platte legen und die Sauce darübergießen. Im Ofen bei mittlerer Hitze (190° C, Gas: Stufe 2–3) etwa 7–8 Minuten backen. Sofort servieren oder abkühlen lassen und kalt servieren.

BROCHETTES DE LOTTE AU MENTHE ET CITRON

SEETEUFEL-SPIESSE MIT MINZE UND ZITRONE

Dieses Gericht habe ich kreiert, um es auf dem Grill im Garten unseres französischen *gîte* zu grillen. Sobald ich mit dem Fisch vom Markt zurückkomme, beginne ich mit der Zubereitung des Gerichts und lasse die Spieße im Kühlschrank ziehen, bis wir sie mittags oder abends für ein gemütliches Essen mit unseren französischen Freunden und hiesigem Wein zubereiten.

FÜR 4 PERSONEN

*450 g Seeteufel, Schellfisch oder Kabeljau,
ohne Gräten
3 Eßlöffel mildes Olivenöl
oder Sonnenblumenöl
Saft und feingeriebene Schale einer Zitrone
2 Eßlöffel gehackte Minze
Salz und frisch gemahlener Pfeffer
115 g Ständerpilze
1 rote Paprika, entkernt und gewürfelt*

Entfernen Sie die Haut des Fisches und schneiden Sie ihn in 4 cm große Stücke. In einer flachen Schale Öl, Zitronensaft, Zitronenschale, gehackte Minze, Salz und Pfeffer zu einer Marinade mischen. Den Fisch in die Marinade legen und zugedeckt mindestens eine Stunde kalt stellen.

Die Fischstücke abwechselnd mit Pilzen und roter Paprika auf Spieße stecken. Das Gemüse mit der verbleibenden Marinade bepinseln.

Die Spieße je nach Hitze etwa 10–15 Minuten grillen und ab und zu umdrehen. Dazu französisches Brot und grünen Salat servieren.

EIGENPRODUKTION – *Hübsche Gemüsereihen im Garten eines Landhäuschens, das sich an einen Berghang in der Normandie schmiegt.*

SALADE
DE CRABE ET DE POULET
À MAYONNAISE VERTE

KRABBEN- UND HÜHNCHENSALAT
MIT GRÜNER MAYONNAISE

Meine grünen Mayonnaisen variieren von Mal zu Mal, und gerade das macht sie so interessant für mich. Für meine Gerichte passe ich die Zutaten gerne der Jahreszeit an und verwende deshalb im Frühling zarten Schnittlauch und Sauerampfer für die Sauce. Im Hochsommer sind die Estragon- und Kerbelpflanzen im besten Wachstumssta-

dium, und ich kann ihrem verlockenden Aroma nicht widerstehen. Im Herbst schließlich verwende ich die delikaten neuen Blättchen von Majoran und Oregano, Ysop und Liebstöckel, die aus den mehrjährigen Wurzelstöcken treiben.

Wenn ich grüne Mayonnaise während meiner Frankreichaufenthalte mache, verwende ich Kräuter aus der bergigen Umgebung unseres Heims in der Ardèche: Wilden Thymian, wilde Minze und wilden Fenchel. Manchmal bringt mir Madame Marquet, meine Nachbarin, ein *bouquet* aus Kräutern, die sie frisch in ihrem Garten geerntet hat. Sie variieren diese einfache, aber exzellente Sauce immer wieder aufs neue.

FÜR 4 PERSONEN

300 ml hausgemachte Mayonnaise
1 Spritzer Zitronensaft
¼ Teelöffel feingeriebene Zitronenschale
1 Handvoll frischer Kräuter, je nach Geschmack
1–2 Eßlöffel Crème fraîche oder Schlagsahne
(wahlweise)
225 g pochierte oder gebratene Hühnerbrust,
in Scheiben geschnitten
115 g gekochtes Krabbenfleisch

ZUM GARNIEREN
große Blätter von Kräutern, wie z. B. Angelika-
oder Salatblätter
einige Blätter Kerbel oder glatte Petersilie

Die Mayonnaise mit der Zitronenschale und dem Zitronensaft vermischen. Die Stiele der Kräuter entfernen und die Kräuter fein hacken. In die Mayonnaise rühren und abschmecken. Manchmal füge ich noch etwas Sahne hinzu, um den Geschmack abzurunden.

Die Mayonnaise vorsichtig unter das Krabben- und Hühnchenfleisch mischen. Vier kleine Teller mit den Kräuterblättern auslegen und den Salat darüber verteilen. Mit Kerbel oder Petersilie garniern und servieren.

KANDIERTE BLATTSTIELE – *Angelika wird im ganzen Loiretal*
angebaut, und die aromatischen kandierten Stiele werden
überallhin exportiert. Obwohl die Pflanze Mannshöhe er-
reichen kann, werden die Stiele, die man zum Kandieren
verwendet, nur von jungen Pflanzen geerntet.

PALOURDES FARCIES
AUX AMANDES

MIT MANDELN GEFÜLLTE MUSCHELN

Obwohl dieses Gericht für Venusmuscheln gedacht war, insbesondere für Muscheln von der Atlantikküste Frankreichs, können dafür ebenso Miesmuscheln oder die kleinen Venusmuscheln, die unter dem Namen *clovisses jaunes* bekannt sind, verwendet werden.

FÜR 4 PERSONEN

40 palourdes oder Venusmuscheln
2 Eßlöffel trockener Weißwein
1 Lorbeerblatt
1 kleine Knoblauchzehe, ungeschält und leicht zerdrückt
85 g gemahlene Mandeln, leicht geröstet
1 Eßlöffel feingeschnittener Schnittlauch
1 Eßlöffel feingehackte Petersilie
Salz und frisch gemahlener Pfeffer

Die Venusmuscheln gründlich säubern und zusammen mit dem Wein, dem Lorbeerblatt und dem Knoblauch in einen großen Topf geben. Bringen Sie das Ganze zum Kochen, geben Sie einen Deckel darüber und kochen Sie es, während Sie den Topf etwa 1 Minute über großer Flamme rütteln. Vom Feuer nehmen und den Topf zugedeckt weitere 3 Minuten stehen lassen.

Die geöffneten Muscheln auf vier Auflaufformen verteilen und die obere Schalenhälfte entfernen. Die Kochflüssigkeit durch ein sehr feines Sieb seihen.

Die Butter mit Mandeln, Schnittlauch und Petersilie verrühren. Mit Salz und Pfeffer würzen und gerade soviel Kochflüssigkeit hinzufügen, daß die Kräuterbutter streichfähig wird. Die Muschelschalen vollständig mit Butter ausstreichen. Unter einen sehr heißen Grill stellen, bis die Butter geschmolzen ist und zu sieden beginnt. Sofort mit knusprigem französischen Brot servieren.

MOULES MARINIÈRE À L'ESTRAGON

MUSCHELN À LA MARINIÈRE MIT ESTRAGON

Der dezente Anisgeschmack von Estragon gibt der Weißweinsauce dieses klassischen Muschelgerichts aus der Normandie das delikate Aroma. Für gewöhnlich sind *moules marinière* einfach in Cidre oder Weißwein gedämpfte Muscheln, die in Suppenteller gelegt, mit Wein begossen und mit Petersilie bestreut werden. In einer verfeinerten Version wird die Sauce mit Sahne eingedickt und ganz zum Schluß etwas Butter untergeschlagen.

FÜR 4 PERSONEN

2 Liter Muscheln
150 ml trockener Weißwein
150 ml Wasser
das weiße Stück von einer Lauchstange,
fein gehackt
einige Stengel Petersilie
1 Zweig Estragon
6 zerstoßene Pfefferkörner
Salz
45 g Butter
1 Eßlöffel gehackte Petersilie
2 Teelöffel gehackter Estragon

Die Muscheln gründlich unter kaltem fließenden Wasser säubern und von jeder den Bart entfernen. Alle Muscheln beiseite legen, die nicht vollkommen geschlossen oder übermäßig schwer sind – sie könnten Sand oder Schlamm enthalten, der alle anderen verderben würde. Die Muscheln in einem Sieb abtropfen lassen.

Den Wein und das Wasser in eine weite Pfanne geben, Lauch, Petersilienstiele, Estragon, Pfefferkörner und etwas Salz hinzufügen und das Ganze 3 Minuten köcheln lassen. Geben Sie die Muscheln hinzu, und schütteln Sie die Pfanne. Mit einem gut schließenden Deckel abdecken. Über großer Flamme 1 Minute kochen, dabei ab und zu an der Pfanne rütteln. Vom Feuer nehmen und bedeckt 5 Minuten ruhen lassen, damit sich die Muscheln im Dampf öffnen.

Gießen Sie die Kochflüssigkeit durch einen mit Mousselin ausgelegten Seiher oder ein feines Nylonsieb, um jeglichen Sand zu entfernen. Entfernen Sie alle nicht geöffneten Muscheln. Die Muscheln in eine angewärmte Terrine geben und mit einem Tuch abdecken. Die Kochflüssigkeit in die saubere Pfanne zurückgießen und über kleiner Flamme die Butter einrühren. Die gehackte Petersilie und den Estragon hinzufügen und die Sauce über die Muscheln geben. Reichlich französisches Brot dazu servieren.

FRUITS DE MER SAUCE VINAIGRETTE

MEERESFRÜCHTE MIT EINER KRÄUTER-VINAIGRETTE

Die Vinaigrette ist eine der einfachsten klassischen Saucen Frankreichs. Damit sie richtig zur Geltung kommt, müssen ihre Hauptbestandteile von bester Qualität sein. Da sie kalt zu Salat, Früchten, kaltem Fleisch und Fisch serviert wird, zeigt sich ihr wahrer Geschmack schon mit dem ersten Bissen.

Die einfachste Variante besteht aus Öl und Essig, gewürzt mit Salz und Pfeffer. Aber kein guter Koch läßt es dabei bewenden. Ich verwende mit Kräutern aromatisierten Essig oder – manchmal auch beides – mit Kräutern aromatisiertes Öl (Seite 48 und 118). Eine Vinaigrette aus Basilikumöl und Holunderblütenessig macht aus jungem Gemüse eine Delikatesse.

Wenn man keine dieser aromatisierten Zutaten zur Hand hat, läßt sich diese Vinaigrette auch mit frischen Kräutern zubereiten. Ich finde, daß diese Variante ausgezeichnet zu einer Platte mit Schalentieren paßt, wie sie in Restaurants und Cafés an der Normandieküste serviert werden. Auch wenn dieses Gericht keine lange Vorbereitungszeit in Anspruch nimmt, sollte man es in Ruhe genießen; ich nehme mir immer viel Zeit und vervollständige dieses Mahl mit französischem Brot, Süßrahmbutter und einer Flasche kühlen Muscadet sur Lie aus dem Loiretal, um die Erinnerungen an zahlreiche ähnliche Mahlzeiten im Norden Frankreichs wachzurufen.

FÜR 4 PERSONEN

1–1½ kg Schalentiere, fertig zum Verzehr,
wie z. B. Miesmuscheln, Austern, Venusmuscheln,
Herzmuscheln und Schnecken
2 Eßlöffel Kräuter- oder einfachen Weinessig
Salz und frisch gemahlener Pfeffer
120–150 ml Kräuter- oder einfaches Olivenöl
1–2 Eßlöffel feingehackte Kräuter

Die Schalentiere über zerstoßenem Eis auf vier großen Platten anrichten.

Den Essig in eine Schüssel gießen, Salz und Pfeffer hinzufügen und so lange rühren, bis sich das Salz aufgelöst hat. Langsam das Öl und die Kräuter zugeben und kräftig schlagen. Die Vinaigrette auf vier Schälchen verteilen und diese in die Mitte der Platten stellen. Sofort mit reichlich französischem Brot servieren.

COQUILLES SAINT-JACQUES MARINÉES AU CITRON VERT ET À L'ANETH

MARINIERTE JAKOBSMUSCHELN MIT LIMONE UND DILL

Wie Austern können auch frische Jakobsmuscheln sowohl gekocht als auch roh gegessen werden. Mariniert mit einem Dressing aus Limonensaft geben ihnen etwas Dill und Ingwer einen Hauch von Würze und machen sie noch schmackhafter.

FÜR 4 PERSONEN

8 frische Jakobsmuscheln
2 Eßlöffel Distelöl
Saft und feingeriebene Schale einer Limone
½ Teelöffel Ingwersirup aus eingelegtem Ingwer
oder Honig
Salz und frisch gemahlener Pfeffer
ZUM SERVIEREN
4 Jakobsmuschelschalen (wahlweise)
einige Zweige frischer Dill

Die Jakobsmuscheln untersuchen und das schwarze Darmfädchen entfernen. Die Muscheln unter kaltem Wasser abspülen und mit Küchenpapier trockentupfen.

Entfernen Sie das korallenrot gefärbte Fleisch und schneiden Sie den dicken weißen Teil jeder Muschel in drei bis vier Scheiben. Die Scheiben einlagig auf Muschelschalen oder kleinen Tellern anrichten und das rote Muschelfleisch wieder hinzufügen.

Öl, Limonensaft und Limonenschale, Dill und Ingwersirup und etwas Salz und Pfeffer zusammengeben und verrühren. Das Dressing so über die Muscheln geben, daß das gesamte Muschelfleisch bedeckt ist. An einem kalten Platz 1 Stunde ruhen lassen.

Die Jakobsmuscheln mit Dillzweigen garnieren und dünne Scheiben gebuttertes Roggenbrot oder Pumpernickel dazu reichen.

FLEISCH,
WILD
UND GEFLÜGEL

*Die klassischen Gerichte der
ländlichen französischen Küche sind
durch jahrhundertealte Traditionen
geprägt – im wesentlichen hat sich die
Art der Zubereitung von Fleisch, Wild
und Geflügel und die Veredelung
durch Kräuter bis heute kaum
verändert.*

SUPRÊMES DE VOLAILLE AU VINAIGRE (S. 85)

HOCH oben in den Cévennen, im Herzen Frankreichs, kenne ich ein kleines Hotel, in dem ich immer wieder gern zu Gast bin. Im Garten, der hoch über einem lieblichen Tal mit einem lebhaft dahinplätschernden Fluß liegt, habe ich schon viele Tage mit Lesen und Schreiben verbracht. Neben dem Pfad, der zum Fluß hinunterführt, liegt ein hübscher Küchengarten mit vielen Gemüse- und Kräuterbeeten. An der einen Seite wird er von Schnittlauchbüscheln begrenzt, aus denen im Hochsommer die violetten, stachligen Blüten aufragen, und in einer Ecke liegt ein mit hellgrünem Sauerampfer überwachsenes Beet.

Ungefähr eine halbe Stunde vor dem Essen kommt ein junger Mann aus der Küche und geht hinüber in den Küchengarten. Er pflückt Salat, Sauerampfer, Schnittlauch und einige Zweige von den Kräuterstöcken für das Bouquet garni. Dann kehrt er wieder in die Küche zurück und gibt unserem Menu den letzten Schliff.

Ich frage mich, seit wie vielen Jahren hier schon Gemüse und Kräuter angebaut werden. Ich weiß, daß der junge Mann, dem das Hotel jetzt gehört, das Kochen von seiner Mutter gelernt hat, die wiederum von ihrer Mutter darin unterwiesen wurde. Die Kräuter und das Gemüse wachsen hier also schon seit Generationen, wenn nicht sogar seit Jahrhunderten. Hier auf dem Lande schätzt man die Tradition sehr hoch.

1651 wurde in Lyon *Le Cuisinier François* veröffentlicht, dessen Autor La Varenne der Küchenchef des Marquis d'Uxelles war. Dieses Buch bedeutete einen Meilenstein in der Entwicklung der französischen Küche und wurde im siebzehnten Jahrhundert immer wieder neu aufgelegt. La Varenne beschreibt darin die Rezepte der höfischen Küche zu seiner Zeit. Sein Stil ist köstlich direkt und erfrischend, und auch heute noch, drei Jahrhunderte später, ist es ein Vergnügen, dieses Buch zu lesen. Die meisten Rezepte beschreiben einfache, rustikale Gerichte, die wir auch heute genießen würden. La Varenne wird als der Begründer der modernen französischen Küche angesehen. Es ist interessant, daß viele der Gerichte im Laufe der Jahrhunderte kaum verändert worden sind. Rebhuhn mit Kohl, in Weinblätter gewickelte Wachteln und Œufs à la Neige – sie alle sind klassische Gerichte der ländlichen französischen Küche von heute. Das ist Kochkunst nach einer gewachsenen Tradition, die höchsten Respekt verdient, der ihr in Frankreich auch zuteil wird.

DIE BOUQUETS GARNIS

Ich schlage bei La Varenne das Kapitel über Fleisch auf, in dem zunächst erklärt wird, wie man Fleisch in einer Flüssigkeit zubereitet. Er beschreibt das Bouquet garni, das mit in den Bräter gehängt werden sollte: ein Bund Petersilie, eine Frühlingszwiebel und Thymian, alles säuberlich zusammengebunden.

Die Küchenmeister nach ihm haben viele Variationen dieser Zusammenstellung entwickelt. Man kann ein Lorbeerblatt hinzufügen, und anstelle der Zwiebel nimmt man häufig ein Stück Porree. In der regionalen Küche der Provence gehört zum Bouquet garni für Rindfleisch ein Streifen Orangenschale. In der Gascogne gibt man zum Bouquet garni für Tomaten unter anderem einen Zweig Ysop, und in einigen Gebieten von Südfrankreich gehört außerdem eine Knoblauchzehe dazu.

In ein klassisches Bouquet garni, das zu den meisten Fleischgerichten paßt, gehören zwei Stengel Petersilie, ein Zweig Thymian und ein Lorbeerblatt, alles wird mit einem Faden zusammengebunden, der so lang ist, daß er um den Henkel des Bräters gebunden werden kann. So kann das Bouquet garni vor dem Servieren entfernt werden. Früher hielt man es für angebracht, bei der Zusammenstellung des Bouquet garni für Fleisch und Wild auch die natürliche Umgebung des Tieres zu berücksichtigen. So sind zum Beispiel bei der Zubereitung von Wildbret einige Wacholderbeeren und vielleicht auch ein Rosmarinzweig eine schmackhafte Ergänzung. Im folgenden zeige ich Ihnen noch weitere Möglichkeiten, die jedoch nicht als verbindlich betrachtet werden sollten. Es ist besser, wenn Sie bei der Zubereitung eines Gerichtes Ihrem eigenen Feingefühl vertrauen und die Kräuter zufügen, die Ihnen passend erscheinen und von denen Sie glauben, daß sie dazu schmecken. Kochen und Genießen sind etwas sehr Persönliches.

HUHN UND TRUTHAHN: Petersilie, Frühlingszwiebeln oder Lauch, Thymian und ein Stückchen Sellerie.
RIND: Petersilie, Thymian, Lorbeerblätter, zwei Gewürznelken und, wenn es ein provenzalisches Gericht ist, ein Stückchen Orangenschale, alles in ein Porreeblatt eingewickelt.
LAMM: Petersilie, Zitronenthymian oder Zitronenmelisse, Lorbeerblätter und Sellerie.
SCHWEIN: Petersilie, Lorbeerblätter, Thymian und ein Stückchen Orangenschale.
KALB: Petersilie, Lorbeerblätter, Majoran, ein kleines Stückchen Zitronenschale und eventuell ein Salbeiblatt.
WILD: Petersilie, Lorbeerblätter, Rosmarin und zwei Wacholderbeeren, in ein Porreeblatt gewickelt.
TOMATEN: Petersilie, Lorbeerblätter und Basilikum; für Gerichte aus der Gascogne: Petersilie, Lorbeerblätter, Kerbel und Ysop.
DICKE BOHNEN: Petersilie, Schnittlauch und Bohnenkraut
ERBSEN UND ZUCKERERBSEN: Petersilie, Minze und Schnittlauch.
WURZELGEMÜSE: Petersilie, Lorbeerblätter, Oregano oder Thymian.
KARTOFFELN: Petersilie und Lorbeerblätter.

DAUBE PROVENÇALE
DE BŒUF

PROVENZALISCHER RINDFLEISCHTOPF

Dieses klassische Gericht mit mariniertem, langsam gegartem Rindfleisch, ist eine der delikatesten Möglichkeiten, Filet zuzubereiten. Das Fleisch bekommt einen vollen, aromatischen und, wie ich finde, einfach unwiderstehlichen Geschmack.

FÜR 5–6 PERSONEN

1 kg Rindfleisch (Filet)
300 ml Rotwein, zum Beispiel Côtes du Rhône
3 Eßlöffel Olivenöl
1–2 Knoblauchzehen, zerdrückt
1 Teelöffel herbes de Provence
Salz
6 Pfefferkörner
115 g lard fumé *oder durchwachsener geräucherter Speck in Würfeln*
1 mittelgroße Zwiebel, klein geschnitten
225 g gehäutete, kleingeschnittene Tomaten
1 Streifen Orangenschale
2 kleingeschnittene Sardellenfilets
2 Eßlöffel schwarze Oliven

Alles Fett vom Rindfleisch entfernen. In einer Schüssel, die groß genug ist, daß sie das Fleisch ganz aufnehmen kann, den Wein mit dem Olivenöl, dem Knoblauch, ein wenig Salz und den Pfefferkörnern mischen. Das Fleisch in diese Marinade legen und herumdrehen, so daß es gut bedeckt ist. Es ist manchmal einfacher, wenn man die Marinade und das Fleisch in eine Plastiktüte gibt, diese gut verschließt und dann in eine Schüssel legt. Auf diese Art kommt das Fleisch von allen Seiten mit der Flüssigkeit in Kontakt. Das Fleisch 1–2 Tage an einem kühlen Ort oder im Kühlschrank lassen und ab und zu wenden.

Braten Sie den *lard fumé* oder den Speck mit der Zwiebel, in einer gußeisernen Kasserolle, bis das Fett austritt. Das Rindfleisch hinzufügen und rundherum leicht anbraten.

Die Marinade dazugießen, und das Ganze mit den Tomaten, der Orangenschale und den Sardellen zum Kochen bringen.

Nachdem die Kasserolle mit dem passenden Deckel fest verschlossen worden ist, das Fleisch im warmen Ofen (160° C, Gas: Stufe 1) 2–3 Stunden lang köcheln lassen, bis es wunderbar zart ist. Fügen Sie die Oliven zehn Minuten vor dem Servieren hinzu.

Das Fleisch in Scheiben schneiden und mit der Sauce (die vorher, wenn nötig, über einer Flamme reduziert worden ist) und einer Schüssel mit einfachen, gekochten Nudeln servieren.

DIE ZUTATEN FÜR HERBES DE PROVENCE – *Bündel von getrockneten Kräutern – die Hauptbestandteile der Mischung, die als* herbes de Provence *bezeichnet wird – liegen auf dem Markt zum Verkauf aus.*

MESSICANI
D'EDOUARD DE POMIANE

KALBSRÖLLCHEN NACH ART
VON EDOUARD DE POMIANE

Dieses Rezept für Kalbfleisch mit frischem Thymian stammt von dem unvergleichlichen Dr. de Pomiane, der in den dreißiger Jahren Professor am Institut Pasteur in Paris war. Alle seine Gerichte schmecken ausgezeichnet und sind fast immer schnell zubereitet. So hat auch eines seiner Bücher den Titel: *In zehn Minuten gekocht.* In der Einleitung zu diesem Rezept schreibt er: »Winzige Kalbsröllchen, die in wenigen Minuten gebraten werden und in wenigen Sekunden gegessen werden.«

FÜR 6 PERSONEN

450 g Kalbsnuß oder Kalbsfilet
180 g Schinken in dünnen Scheiben
1 kleiner Bund Thymian
55 g Butter
Salz und frisch gemahlener Pfeffer

Das Kalbfleisch mit einem sehr scharfen Messer in Scheiben schneiden, die möglichst nicht dicker als 0,5 cm und ungefähr handtellergroß sein sollten. Auf jede dieser Scheiben eine kleinere, sehr dünne Scheibe Schinken und einige Thymianblätter legen. Das Fleisch aufrollen und es mit einem Zahnstocher aus Holz zusammenstecken. Es sollten sich ungefähr 12 *paupiettes* ergeben.

Die Butter in einer gußeisernen Kasserolle zum Schmelzen bringen und die Röllchen vorsichtig auf dem Boden auslegen. Sie werden 5 Minuten bei mittlerer Hitze gebraten, dann gewendet und mit Salz und Pfeffer bestreut.

Der Doktor schließt mit den Worten: »Servieren Sie Ihren Gästen die Röllchen auf einem vorgewärmten Teller, nachdem sie eine üppige Portion Spaghetti mit Tomatensoße und Käse gegessen haben. Mit einigen knackigen Salatblättern und frischem Obst zum Dessert ist die Mahlzeit perfekt.«

ESCALOPES DE VEAU
AUX POIVRONS ROUGE

KALBSSCHNITZEL
MIT ROTER PAPRIKA

Dieses Rezept habe ich während eines wunderschönen Urlaubs in Uzès in der Provence kreiert. Auf meinem Weg in den Ort kam ich immer über eine Wiese, die mit schulterhohem wilden Fenchel bewachsen war. Wenn ich mit meinen Einkäufen nach Haus ging, pflückte ich einige der fedrigen Blätter und zitronengelben Blüten, um damit einen Salat zu würzen oder ein neues Rezept auszuprobieren. Eines dieser neuen Gerichte sind die Kalbsschnitzel in einer pikanten Sauce aus Wein und roter Paprika.

Als Alternative können Sie dieses Gericht auch mit Schweineschnitzel anstelle der Kalbsschnitzel zubereiten und mit frischem Dill statt mit Fenchel würzen, um einen etwas feineren Geschmack zu erzielen.

FÜR 4 PERSONEN

4 Kalbsschnitzel
Salz und frisch gemahlener Pfeffer
30 g Butter
1 Knoblauchzehe, gehackt
1 rote Paprikaschote, entkernt, in feine Streifen geschnitten
2–3 eingelegte Gurken, in Scheiben geschnitten
1 Teelöffel kleingehacktes Fenchelgrün
60 ml Weißwein
2–3 Teelöffel Crème fraîche oder Sauerrahm

ZUM GARNIEREN
ein wenig feingehackter Fenchel

Das Fleisch auf einen Teller legen und leicht mit Salz und Pfeffer würzen.

Die Hälfte der Butter in einer Pfanne schmelzen und den Knoblauch und die Paprikastreifen leicht anbräunen lassen. Die Gurken und den Fenchel hinzufügen und das Ganze für weitere 2 Minuten dünsten. Dann den Inhalt der Pfanne auf einen Teller geben.

Mit der restlichen Butter die Schnitzel etwa 3 Minuten lang von jeder Seite anbraten. Die Fenchelmischung mit einem Löffel auf den Schnitzeln verteilen, den Wein hinzugießen und das Fleisch zugedeckt ungefähr 8 Minuten lang köcheln lassen, bis es zart ist. Den Sud noch etwas einkochen, so daß sich eine sämige Sauce ergibt.

Das Fleisch auf eine vorgewärmte Platte legen, die Sauce darübergießen, auf jedes der Schnitzel ein wenig Crème fraîche geben und das Ganze mit feingehacktem Fenchel garnieren. Dazu gibt es heiße, in Butter geschwenkte Nudeln.

LA LANGUE DE BŒUF
AUX CORNICHONS
ZUNGE MIT GÜRKCHEN

1929 veröffentlichte La Mazille sein hervorragendes Buch: *La Bonne Cuisine du Perigord* über die gute Hausmannskost dieser lieblichen Gegend im Südwesten von Frankreich. Für das folgende Rezept aus diesem Buch empfehle ich eine leicht gepökelte Rinderzunge und hausgemachten Kräuteressig. Wenn die Zunge zu stark gesalzen ist, wird sie am besten über Nacht gewässert – fragen Sie einfach Ihren Fleischer um Rat.

FÜR 6–8 PERSONEN

1 gepökelte Rinderzunge, wenn nötig, gewässert
1 mittelgroße Zwiebel, mit 6 Nelken gespickt
6 Pfefferkörner
1 Bouquet garni, aus 1 Lorbeerblatt
und jeweils 1 Zweig Thymian, Estragon
und Petersilie
1 Stange Sellerie, kleingeschnitten
1 Karotte, in Scheiben geschnitten

SAUCE
3 Schalotten, fein gehackt
1 Eßlöffel Gänseschmalz oder Butter
1 Eßlöffel Mehl
· 300 ml Kochbrühe von der Zunge
1½ Eßlöffel fein geschnittener Schnittlauch
1½ Eßlöffel feingehackte Petersilie
2–3 Teelöffel französischer Senf
1 Eßlöffel Estragon- oder Kerbelessig (siehe Seite 48)
2 Cornichons, in feine Scheiben geschnitten

ZUM GARNIEREN
einige Kerbelblättchen

Die Zunge in einen Topf legen und mit Wasser bedecken. Die Zwiebel, die Pfefferkörner, das Bouquet garni, den Sellerie und die Karotte hinzufügen und das Ganze zum Kochen bringen. Den Topf schließen und die Hitze verringern, so daß das Wasser nur leicht siedet. 3–4 Stunden lang sieden lassen, bis sich das Fleisch mit einem Spieß leicht einstechen läßt.

Ungefähr eine halbe Stunde, bevor das Fleisch fertig ist, mit der Zubereitung der Sauce beginnen. Die Schalotten im Gänseschmalz oder in der Butter anbräunen. Das Mehl hinzufügen und noch 2 Minuten erhitzen. Dann langsam und unter ständigem Rühren, so daß sich keine Klümpchen bilden, die Kochbrühe hineingießen. Zusammen mit dem Schnittlauch und der Petersilie die Sauce bei leichter Hitze 20 Minuten lang ziehen lassen.

Die Zunge aus dem Topf nehmen und die Haut abziehen; dabei auch alle kleinen Knochen und Knorpelstückchen entfernen. Das Fleisch auf einer Servierplatte in Scheiben schneiden und warm halten.

Senf, Essig und Gurken in die Sauce rühren und über die Zunge gießen. Mit dem Kerbel garnieren.

SAUPIQUET DE JAMBON
SCHINKEN IN KRÄUTERSAUCE

Das *saupiquet*, ein Name, der möglicherweise von *sauce piquante* abgeleitet ist, gehört zu den klassischen Gerichten aus den Bergen von Morvan im Südwesten von Burgund. Diese wunderschöne Landschaft mit ihren weichen Hügeln ist berühmt für Viehzucht, Käse und Sahne. Die pikante Sauce in unserem Rezept wird mit Wacholderbeeren und Weinessig gewürzt und mit Sahne abgerundet; sie wird immer zu Schinken serviert.

FÜR 4 PERSONEN

4 dicke Scheiben gekochter Schinken
4 Eßlöffel Weißweinessig
3 Schalotten, fein gehackt
3 Wacholderbeeren, zerdrückt
300 ml Hühnerbrühe
55 g Butter
30 g Mehl
150 ml trockener Weißwein
150 ml Crème fraîche oder Crème double
2 Teelöffel feingehackter Estragon und Petersilie,
gemischt

Für die Sauce den Essig in einen kleinen Topf geben, die Schalotten und die Wacholderbeeren hinzufügen und so lange kochen, bis fast der gesamte Essig verdampft ist. Die Flüssigkeit durchseihen, mit der Brühe mischen und auf die Seite stellen.

In einer schweren Pfanne die Hälfte der Butter schmelzen lassen und das Mehl hineingeben. Unter ständigem Rühren 3–4 Minuten andünsten lassen, bis es schäumt und goldgelb wird. Langsam unter ständigem Rühren die Brühe und den Wein hineingießen. Die Sauce vorsichtig 30 Minuten lang kochen lassen, bis sie einen milden Geschmack hat. Von der Flamme nehmen und die restliche Butter stückchenweise unterschlagen.

Den Schinken in eine feuerfeste Form legen und bei mittlerer Hitze (180° C, Gas: Stufe 2) 10–15 Minuten lang erhitzen. Mit der Sauce übergießen und die Form wieder in den Ofen stellen, bis alles heiß ist. Mit den gehackten Kräutern bestreuen und servieren.

JAMBON PERSILLÉ
SCHINKEN IN PETERSILIENASPIK

In jeder *charcuterie* in Burgund gibt es eine beeindruckende Auswahl an kalten Gerichten, darunter verschiedene Sorten von Schweinefleisch in Gelee. Ich persönlich mag Schweineschnauze, *museau*, in Aspik am liebsten. Die bekannteste Spezialität aus dieser Gegend ist jedoch der *jambon persillé* – wegen seiner besonderen Zartheit und seines feinen Geschmacks.

Burgunderschinken ist leicht gepökelt, so daß er einen delikaten Geschmack bekommt, und sein Fleisch ist zartrosa. Das beste Ergebnis erhält man mit einem ungeräucherten Schinken und einem herben Burgunderwein, etwa einem Aligoté oder Chablis. Dieses ausgezeichnete Gericht eignet sich auch gut für ein kaltes Buffet.

FÜR 8–12 PERSONEN

3 kg leicht gepökelter und ungeräucherter Schinken
2 halbierte Kalbs- und Schweinefüße
450 g Kalbsknochen
1 Flasche weißer Burgunderwein
(siehe oben)
2 mittelgroße Zwiebeln, ungeschält
2 Stangen Sellerie, klein gehackt
2 Karotten, gewürfelt
1 Bouquet garni aus 2 Lorbeerblättern,
Thymian, Petersilie, Estragon
und 1 Stück Porree
8 schwarze Pfefferkörner
6 Gewürznelken
4 Beeren Nelkenpfeffer
5 Eßlöffel feingehackte Petersilie
2 Eßlöffel feingeschnittener Schnittlauch
Salz und frisch gemahlener Pfeffer
Gelatinepulver (siehe unten)

Den Schinken nach Bedarf wässern und abtrocknen. Zusammen mit den Kalbs- und Schweinefüßen und den Kalbsknochen in einem großen Topf mit Wasser bedeckt zum Kochen bringen. Nach 5 Minuten das Wasser abgießen und durch 570 ml Wein und frisches kaltes Wasser ersetzen. Die Zwiebeln, den Sellerie, die Karotten, das Bouquet garni, die Nelken und den Nelkenpfeffer hinzufügen. Das Ganze langsam 2½–3 Stunden lang kochen, bis das Fleisch zart ist. Das Wasser sollte dabei nur ganz leicht

sieden (*frémir*). Während des Kochens mehrmals mit einer Schaumkelle den Schaum abschöpfen und kaltes Wasser nachgießen.

Den Schinken nach dem Kochen noch eine halbe Stunde lang abkühlen lassen, ehe Sie ihn aus der Brühe nehmen. Die Haut abziehen und das Fleisch von den Knochen lösen. Anschließend in große Würfel schneiden, mit der Petersilie, dem Schnittlauch und dem restlichen Weißwein vermischen, und, wenn nötig, nachwürzen. Während Sie das Aspik zubereiten, wird die Mischung kalt gestellt.

Die Kochbrühe durchseihen und über großer Hitze auf 1,5 Liter einkochen lassen. Von der Flamme nehmen und prüfen, ob sie fest wird, indem man einige Löffel von der Flüssigkeit abnimmt und kalt werden läßt. Wenn der Aspik nicht richtig fest wird, etwas aufgelöstes Gelatinepulver hinzufügen.

GOLDENE SCHAUFENSTERSCHRIFT *Diese alten Schilder an einem Lebensmittelladen in der Rue St Honoré in Paris werben für Kräuter, Obst und Gemüse, Fleisch und Wild, Eier, Butter und Käse.*

Die Schinken-Kräuter-Mischung in eine große oder mehrere kleine Schüsseln oder eine rechteckige Terrine geben.

Genügend Aspik darübergießen, so daß das Fleisch bedeckt ist, und abkühlen lassen, bis der Aspik fest geworden ist. Wenn nötig, kann das Gericht auch 2–3 Tage im Kühlschrank stehen bleiben.

Den *jambon persillé* stürzen und schneiden, solange er noch kalt ist. Bei Zimmertemperatur kommt der Geschmack allerdings am besten zur Geltung. Ich biete dazu eine kleine Schale mit Kräutervinaigrette an.

FILET DE PORC FARCI AUX PRUNEAUX D'AGEN

SCHWEINEFILET MIT BACKPFLAUMEN GEFÜLLT

In Frankreich werden schon seit Generationen bestimmte Fleischsorten, besonders Kaninchen- und Schweinefleisch, mit Backpflaumen zubereitet. Das gilt natürlich erst recht für die Regionen, in denen Pflaumen angebaut werden, wie für die Touraine und den Perigord. Aus dem Perigord stammt die *pruneau d'Agen*, eine große, fruchtige Backpflaume, die aus den Pflaumen eines *prunier d'ente* gemacht wird – einer veredelten Sorte, die noch aus der Zeit der Kreuzzüge stammt. Diese Sorte baut man auch in Santa Clara, Kalifornien, an. Viele der in Großbritannien und Deutschland verkauften Backpflaumen stammen aus diesem Ort.

In Frankreich sind die *pruneaux d'Agen* teurer als die anderen Backpflaumen, doch sie eignen sich bestens für die Herstellung des berühmten Konfekts *Pruneaux à l'Armagnac*. Meine Nachbarin Madame Marquet läßt dafür zunächst die Pflaumen über Nacht in Lindenblütentee ziehen. Dann liegen die abgetrockneten Pflaumen mehrere Monate im Armagnac, ehe man sie zum Nachmittagskaffee oder als ganz besonderes Dessert verzehrt.

Das folgende Gericht sollte kalt gegessen werden. Es eignet sich gut für ein kaltes Buffet und kann schon 1–2 Tage im voraus zubereitet werden.

FÜR 10–12 PERSONEN

2 Schweinefilets (Lende)
1 Eßlöffel Lindenblüten
300 ml kochendes Wasser
225 g große, saftige Backpflaumen,
wie zum Beispiel pruneaux d'Agen
Salz und frisch gemahlener Pfeffer
450 g gutes Wurstbrät vom Schwein
1 kleine Knoblauchzehe, zerdrückt
4 Wacholderbeeren,
in einem Mörser zerstoßen
1 Eßlöffel Schnittlauch, fein geschnitten
2 Eßlöffel Petersilie, fein gehackt
2 Eßlöffel Calvados oder trockener Weißwein
1 großer Apfel, entkernt und gewürfelt
55 g Walnußhälften, geschält
1 Teelöffel herbes de Provence *(nach Wahl)*

Die Lindenblüten in eine Schale oder ein Kännchen geben und kochendes Wasser darübergießen. Den Lindenblütentee 10 Minuten lang ziehen lassen, dann durch ein Sieb über die Backpflaumen gießen.

Nach 3–4 Stunden Einweichzeit sollten sie die gesamte Flüssigkeit aufgesogen haben. Sie werden abgetrocknet und entkernt.

Von den Schweinefilets das Fett entfernen und Filets am Rand leicht einschneiden. An der Längsseite 2 oder 3 mal einschneiden, so daß man sie auf etwa 1 cm Dicke ausklopfen kann. Mit Salz und Pfeffer würzen.

Für die Füllung das Wurstbrät mit dem Knoblauch, den Wacholderbeeren, dem Schnittlauch, der Petersilie, dem Calvados und dem Apfel mischen. Leicht würzen.

Ein Drittel der Backpflaumen auf den beiden Filets verteilen und die Zwischenräume mit den Walnußhälften ausfüllen. Die Füllung auf die Filets streichen. Das letzte Drittel der Backpflaumen auf eines der Filets legen, dann das andere Filet mit der Fleischseite nach oben daraufklappen. Die beiden Teile an 5 oder 6 Stellen zusammenbinden und die Oberseite, wenn man möchte, mit *herbes de Provence* bestreuen.

FILET DE PORC FARCI AUX PRUNEAUX D'AGEN

Das Fleisch in leicht eingeölte Aluminiumfolie wickeln und für 24 Stunden kühl stellen. Erst dann sollte es gebraten werden.

Das Fleisch im Backofen bei mittlerer Hitze (190° C, Gas: Stufe 2–3) 45–55 Minuten braten, bis es gut durch ist. Im Zweifelsfall ein Fleischthermometer benutzen. An einem kalten Ort völlig auskühlen lassen und erst dann kühl stellen. In Scheiben geschnitten servieren.

CARRÉ DE PORC PROVENÇALE

KNUSPRIGE SCHWEINELENDE MIT WEIN UND KRÄUTERN

Als ich als Kind den Essay von Charles Lamb über knusprig gebratenes Schweinefleisch las, fand ich meine Vorliebe von ihm bestätigt. Jahre später entdeckte ich das Rezept von Elizabeth David für die provenzalische Version – und ich war begeistert.

KNOBLAUCHMARKT – *Auf dem jährlich stattfindenden großen Markt in Marseille hängt der Knoblauch in Girlanden von den Markisengestängen, und wahre Berge sind auf den Tischen aufgehäuft.*

FÜR 4–5 PERSONEN

1,5–2 kg Lendenstück vom Schwein, mit Knochen
1 große Knoblauchzehe
Salz
150 ml Weiß- oder Rotwein
2–3 Zweige frischer Thymian
4 Eßlöffel gehackte Petersilie
2 Eßlöffel feine Semmelbrösel

Mit einem scharfen Messer die Schwarte entfernen und den Knochen zum Teil herauslösen (oder den Fleischer bitten, es zu tun). Die Schwarte aufbewahren. Den Knoblauch schälen und in Stifte schneiden, die zwischen Fleisch und Knochen gesteckt werden. Das Fleisch mit Salz einreiben und in eine Schüssel legen. Den Wein darübergießen, die Thymianzweige in die Flüssigkeit

78

geben, und das Fleisch an einem kühlen Ort 2 Stunden lang in der Marinade ziehen lassen.

Die Schwarte mit dem Fett nach oben in einen Bräter legen und mit dem Fleisch belegen. Die Marinade dazugeben und das Fleisch mit eingefettetem Pergamentpapier oder Alufolie bedecken. Lassen Sie es nun bei mittlerer Hitze (180° C, Gas: Stufe 2) ungefähr 1¾ Stunde im Ofen braten. Wenn die Flüssigkeit verdampft, ein wenig Wasser hinzufügen.

Die Petersilie mit den Semmelbröseln mischen. Das Papier vom Fleisch entfernen und die Mischung auf der Fettseite verteilen und mit einem Messer andrücken. Die Hitze auf 150° C (Gas: Stufe 1–2) verringern und das Fleisch noch 35–50 Minuten braten lassen. Dabei hin und wieder mit der austretenden Flüssigkeit begießen, so daß die Semmelbrösel und die Petersilie eine goldene Kruste auf dem Schweinefleisch bilden.

BOUDIN BLANC AU PERSIL ET AUX CIBOULETTES

BOUDIN BLANC MIT PETERSILIE UND SCHNITTLAUCH GEWÜRZT

Die französische *charcuterie* ist hochgeschätzt für ihren guten Geschmack und die vielseitige und abwechslungsreiche Verwendung von Schweinefleisch. Wenigstens einmal in der Woche kommt in fast jedem Haushalt ein Produkt des örtlichen Fleischers, des *charcutier,* auf den Tisch. Allerdings gibt es auf dem Lande immer noch Familien, die ihre eigenen Würste und Pasteten herstellen. Boudin Blanc, eine leichte, helle Wurst, ist schnell gemacht. Die köstliche Füllung ist eine Mischung aus verschiedenen hellen Fleischsorten, gewürzt mit grünem Pfeffer, Muskat und frischer Petersilie und Schnittlauch. Bei einem Fleischer, der seine Wurst selbst macht, können Sie am ehesten den Wurstdarm bekommen.

225 g rohe Hühnerbrust
225 g Schweinefilet
(Lendenstück)
225 g Schweinebauch
1 Schalotte oder kleine Zwiebel,
fein gehackt
150 ml Sahne
55 g helle Semmelbrösel
2 Eiweiß
3 Eßlöffel feingehackte Petersilie
1 Eßlöffel feingeschnittener Schnittlauch
1–2 Teelöffel Salz
8 Körner grüner Pfeffer, zerdrückt
¼ Teelöffel Muskat
ungefähr 4 m Wurstdarm
fester Zwirn, zum Beispiel Knopflochgarn
1 Streifen Zitronenschale

Das Fleisch in einem Fleischwolf oder einer Küchenmaschine zerkleinern. Mit der Schalotte, der Sahne den Semmelbröseln, dem Eiweiß, der Petersilie, dem Schnittlauch, dem grünen Pfeffer und der Muskatnuß vermischen. Braten Sie einen Teelöffel der Mischung, um die Würzung zu testen, und eventuell nachwürzen.

Die Häute 2 Stunden einweichen lassen und gut abtrocknen. Den Darm entweder mit Hilfe einer Wurstvorrichtung am Fleischwolf oder mit einem Spritzbeutel mit einer Tülle mit extrem großem Loch (ca. 2 cm) füllen. Das untere Ende des Darms mit Garn abbinden und vom anderen Ende her so lange über die Tülle schieben, bis fast der ganze Darm bis kurz vor dem Knoten aufgeschoben ist. Ungefähr 15 cm von der Füllung in den Darm drücken, dabei etwas Luft lassen und die Wurst mit Zwirn abbinden. Einen kurzen Abstand lassen und den Anfang für die nächste Wurst binden. Füllen Sie so den Darm mit der gesamten Mischung.

In einem großen Topf Wasser mit der Zitronenschale zum Kochen bringen. Den Strang Würste in den Topf gleiten lassen und die Hitzezufuhr verringern, wenn das Wasser wieder kocht. Die Würste 20 Minuten lang ziehen lassen und dabei einstechen, damit die Luft entweichen kann.

Den Wurststrang herausnehmen, abkühlen lassen, und dann die Würste auseinanderschneiden. Sie werden gegrillt oder vorsichtig in Butter gebraten, bis sie vollständig erhitzt sind.

BROCHETTE DE ROGNONS À LA SAUCE PROVENÇALE

NIERENSPIESSE MIT PROVENZALISCHER SAUCE

In der Provence wird diese mit Sardellen gewürzte, kalte Sauce normalerweise zu gegrilltem Fleisch, Fisch oder kaltem Geflügel gereicht. Ich finde aber, daß sie auch gut zu einer Rohkostplatte als Vorspeise paßt.

FÜR 4 PERSONEN

8 Lammnieren
8 Scheiben geräucherter, durchwachsener Speck
herbes de Provence
Olivenöl

SAUCE
3 Sardellenfilets
2 Knoblauchzehen
2 Eigelb
1 Eßlöffel kaltes Wasser
120 ml Olivenöl
Saft und feingeriebene Schale von 1 Zitrone
Salz und frisch gemahlener Pfeffer

Die Nieren halbieren und von den Harnsträngen befreien. Die Scheiben des durchwachsenen Specks in der Mitte durchschneiden, mit *herbes de Provence* bestreuen und aufrollen.

Die Nieren und die Speckröllchen abwechselnd auf einen eckigen Fleischspieß stecken und alles mit Olivenöl einpinseln.

Noch einmal *herbes de Provence* über das Fleisch streuen. Stellen Sie die Spieße kühl, während Sie die Sauce zubereiten.

Die Sardellenfilets abspülen, mit Küchenkrepp abtrocknen und grob hacken. Um sie zusammen mit dem Knoblauch sehr fein zu zerkleinern, nehmen Sie am besten eine Küchenmaschine oder einen Mörser. Anschließend die Mischung mit den Eigelb und dem Wasser zu einer geschmeidigen Paste verrühren.

Langsam und unter ständigem Rühren das Olivenöl zugeben. Die Sauce mit ein wenig Zitronenschale, einigen Spritzern Zitronensaft und, wenn nötig, Salz und ein klein wenig Pfeffer würzen.

Die *brochettes* in einem heißen Grill oder über Holzkohle unter mehrmaligem Wenden braten, bis sie gar sind.

Die Sauce darüber verteilen und die Spieße servieren. Die restliche Sauce wird zu knusprigem Brot gegessen.

CABRI OU L'AGNEAU AU ROMARIN

ZICKLEIN ODER LAMM MIT ROSMARIN

In den Regionen von Frankreich, wo man Ziegenkäse herstellt, wird des öfteren das Fleisch von Zicklein nach den Rezepten für Lamm zubereitet. Für dieses Gericht verwendet man frischen Rosmarin, der einen feinen, weniger intensiven Geschmack hat als getrockneter.

FÜR 4–6 PERSONEN

1 Schulter vom Zicklein
oder Lammschulter
2 Eßlöffel Olivenöl
150 ml trockener Weißwein
Salz und frisch gemahlener Pfeffer
3–4 Zweige frischer Rosmarin
2 Knoblauchzehen
150 ml Weißweinessig

Die Knochen entfernen, und das Fleisch in 4 cm große Würfel schneiden. Das Fleisch in Olivenöl in einer gußeisernen Kasserolle leicht von allen Seiten anbraten und den Wein hinzufügen. Leicht würzen und das Fleisch bei geschlossenem Topf und leichter Hitze 30 Minuten garen.

Von den Rosmarinzweigen die Blättchen abzupfen und fein hacken. In einem Mörser zusammen mit dem Knoblauch und dem Essig zerreiben. Diese Mischung über das Fleisch geben. Das Ganze bei milder Hitze noch 10–15 Minuten köcheln lassen, bis der Essig verdampft ist. Dazu Kartoffelgratin servieren.

GIGOT AU PASTIS

GERÖSTETE LAMMKEULE
MIT ROSMARIN UND PASTIS

Dieses Gericht wird überall dort in der Provence gekocht, wo wilde Kräuter wachsen. Normalerweise pflücke ich hierfür einen kleinen Strauß *serpolet* (wilden Thymian) und Oregano und füge ein Bund frischen Rosmarin hinzu. Ganze Knoblauchknollen, zusammen mit dem Fleisch gebraten, sind die beste Beigabe. Sie werden zu einem weichen, butterigen Brei zerkocht; dann schmecken sie ganz mild und verlieren den typischen scharfen Geschmack. Das Fleisch kann an einem Spieß über dem Feuer geröstet oder im Ofen gebraten werden, es wird in jedem Fall zart und aromatisch.

In Frankreich wird der Unterschenkel einer Lammkeule nicht geteilt, und ich finde, daß dadurch das gebratene Fleisch nicht nur appetitlicher aussieht, sondern sich auch leichter schneiden läßt. Die praktischen Franzosen haben sogar eine Art von Klammer entwickelt, mit der man den Knochen festhält, während man am anderen Ende schneidet. Wenn jedoch Ihr Ofen nicht groß genug ist, läßt es sich nicht vermeiden, den Unterschenkel zu teilen.

FÜR 8–10 PERSONEN

1 mittelgroße Lammkeule
5 Knoblauchzehen, nach Geschmack auch mehr
Zweige von serpolet (wildem Thymian),
Oregano oder Majoran und Rosmarin
Olivenöl
Salz und frisch gemahlener Pfeffer
150 ml Pernod oder anderer Pastis

ZUM GARNIEREN
Rosmarinzweige

Die Knoblauchzehen schälen und jeweils in drei oder vier Scheiben schneiden. Das Fleisch etwas einschneiden und die Knoblauchscheiben mit einem oder zwei Kräuterblättchen hineinstecken. Das Fleisch mit Olivenöl bestreichen und mit Salz und Pfeffer würzen.

Die Keule am Spieß oder im Ofen bei mittlerer Hitze (180° C, Gas: Stufe 2) 20 Minuten pro 500 g Fleisch braten lassen, wenn Sie es rosa mögen, andernfalls weiterbraten, bis das Fleisch Ihrem Geschmack entspricht. Anschließend warm stellen und noch 20–30 Minuten ruhen lassen, dann das überschüssige Fett von der Fettpfanne abgießen.

Den Pastis in einem kleinen Topf oder einem Pfännchen anwärmen, anzünden und über das Fleisch gießen. Die Keule in einem Kranz von Rosmarinblättern servieren, dazu gebackene Kartoffeln mit Kräuterbutter (von Seite 26) reichen. Der Bratensaft wird separat in einer Schüssel gereicht.

EINE KRÄUTERPYRAMIDE – *Kleine Holzkisten, die aufeinandergestellt wurden, bilden eine originelle Auslage für Krautersträußchen und Bouquets garnis auf einem Markt in der Provence.*

GIGOT AU PASTIS *(folgende Seite)*

NOISETTES D'AGNEAU AUX OLIVES ET AU FENOUIL

LAMMNÜSSCHEN MIT OLIVEN UND FENCHEL

Vor einigen Jahren habe ich damit begonnen, mageres Fleisch und Fisch nur in Öl, ohne Wein, zu marinieren. Die französischen Öle sind so ausgezeichnet, daß ich ihren reinen Geschmack für das Gericht bewahren möchte. Und tatsächlich schmecken Hühnerbrust, in Haselnußöl mariniert, oder Schweinefilet mit dem Geschmack von Walnußöl einfach unwiderstehlich.

In der letzten Zeit habe ich außerdem häufiger Öle genommen, die mit Kräutern gewürzt waren. Truthahnbrust, über Nacht in Walnußöl mit Estragon mariniert, ist sehr gut; und Seeteufel, mariniert in einem Öl aus Pinienkernen mit Basilikum, schmeckt hervorragend. Es lohnt sich, mit Kräuterölen zu experimentieren. Sie sind einfach herzustellen, und es gibt unendlich viele Variationsmöglichkeiten.

FÜR 4 PERSONEN

8 Lammnüßchen
4 Eßlöffel Olivenöl, gewürzt mit Fenchel
(siehe Seite 118)
8 Körner grob zerkleinerter grüner Pfeffer
Salz
8 Büschel frisches Fenchelgrün
2 Eßlöffel Pernod oder anderer Pastis
20 schwarze Oliven, am besten aus Nyons

Das Öl in eine flache Schüssel geben und das Fleisch so hineinlegen, daß es von allen Seiten damit bedeckt ist. Ein Stück Frischhaltefolie über die Schüssel ziehen und für 6–8 Stunden oder über Nacht in den Kühlschrank stellen.

Einen Eßlöffel von der Marinade in einer schweren Bratpfanne erhitzen, bis sie sehr heiß ist. Das Fleisch von allen Seiten anbraten und salzen. Zupfen Sie von jedem Fenchelbüschel ein wenig Grün ab, und legen Sie es für später beiseite. Die restlichen Büschel auf das Fleisch legen. Bei geschlossener Pfanne die Nüßchen 20–25 Minuten braten lassen, bis sie durch sind.

Den mitgebratenen Fenchel herausnehmen und die Filets auf eine vorgewärmte Servierplatte legen. Den frischen Fenchel klein hacken und mit dem Pernod zu dem Bratensaft in die Pfanne geben. Alles 2–3 Minuten kräftig kochen lassen. Dann die Oliven beigeben, die Sauce abschmecken und über die Nüßchen geben. Dazu neue gekochte Kartoffeln servieren.

PROVENZALISCHE OLIVEN – *Auf einem Stand auf dem Markt von Uzès in der Provence werden neben Kapern, eingelegten Gurken und Paprika die verschiedensten Sorten von Oliven – schwarze, braune und grüne, große und kleine – angeboten. Oliven sind typisch für die Küche der Provence. Die grünen sind normalerweise unreif – nur wenige Sorten bleiben grün, wenn sie reif sind – und der bittere Geschmack wird mit einer Lösung aus Potasche herausgezogen, ehe sie in Salzlake eingelegt werden. Die schwarzen, voll ausgereiften Oliven brauchen diese Behandlung nicht.*

SUPRÊMES DE VOLAILLE AU VINAIGRE

HÜHNERBRUST IN EINER SAUCE AUS KRÄUTERESSIG

Dieses delikate kleine Gericht stammt von dem großen französischen Koch Paul Bocuse. Wenn man einen Kräuteressig nimmt, kommt der Geschmack noch besser zur Geltung. Ich finde, daß ein Himbeer-Estragonessig besonders gut zu roten Zwiebeln paßt; sehr zu empfehlen ist auch Rosmarinessig mit Schalotten. Das Besondere ist die Methode – die Variationen überlasse ich Ihnen.

FÜR 2 PERSONEN

2 Hühnerbrüste, enthäutet
Salz und frisch gemahlener Pfeffer
55 g Butter
1 kleine rote Zwiebel, fein gehackt
2 Eßlöffel Himbeer-Estragonessig

ZUM GARNIEREN
2 Zweige Estragon

Die Hühnerbrüste leicht mit Salz und Pfeffer würzen. Die Hälfte der Butter in einer gußeisernen Pfanne schmelzen und das Fleisch von allen Seiten jeweils 3–5 Minuten anbraten.

Bei geschlossener Pfanne und geringer Hitze oder im heißen Ofen (200° C, Gas: Stufe 3) vorsichtig 10–12 Minuten braten, bis das Fleisch gar, aber noch immer sehr zart ist. Das Fleisch auf eine Servierplatte geben, abdecken und warm stellen, während die Sauce zubereitet wird.

Die Zwiebel zum Bratensatz in die Pfanne geben und unter gelegentlichem Umrühren 5–7 Minuten garen, bis sie weich ist. Den Essig hinzugeben und das Ganze kräftig kochen lassen, bis ein Teil der Flüssigkeit verdampft ist und die Sauce leicht cremig ist. Dann von der Kochplatte nehmen und die restliche Butter hineingeben.

Die Hühnerbrust in Portionen schneiden und auf die Teller verteilen. Die Sauce neben die Fleischstücke geben und mit einem Estragonblatt garnieren.

POUSSIN DU DIABLE
À LA SARRIETTE

TEUFELSHÄHNCHEN
MIT BOHNENKRAUT

In der Provence wird Bohnenkraut für das Würzen von gegrilltem Fleisch als ebenso unersetzlich angesehen wie Rosmarin. Meine Freunde bestreuen damit großzügig Geflügel und Schweinefleisch, das über einem Holzkohlefeuer gebraten werden soll. Wenn ich genug Zeit habe, setze ich ein aromatisches Öl an, in das ich die Kräuter einen Tag im voraus einlege.

FÜR 2 PERSONEN

2 junge Hähnchen
Salz und frisch gemahlener Pfeffer
4–6 Eßlöffel mit Bohnenkraut gewürztes Öl
oder einfaches Olivenöl
2 Eßlöffel kleingehacktes frisches Bohnenkraut

Mit einer Geflügelschere oder einer sehr scharfen Schere das Rückgrat der Hähnchen durchschneiden und das Fleisch auseinanderziehen. Um die Vögel flach zu halten, können die Beine mit Holzstäbchen festgesteckt werden. Die Hähnchen in eine Schüssel oder auf eine Platte legen und mit Salz und Pfeffer würzen. Die Haut mit Öl bestreichen und großzügig mit dem gehackten Bohnenkraut bestreuen. 2–3 Stunden kühl stellen, so daß das Gewürzaroma in das Fleisch ziehen kann.

Die Hähnchen über einem Holzfeuer oder unter einem heißen Grill bei mehrmaligem Wenden 25–30 Minuten lang braten oder so lange, bis beim Einstechen der austretende Fleischsaft am Schenkel klar ist. Dazu gibt es gemischten Blattsalat (Seite 137).

POULET À L'ESTRAGON

HÜHNCHEN MIT ESTRAGON

Gebratenes Hühnchen, gewürzt mit aromatischem, leicht nach Anis schmeckendem Estragon, ist ein beliebtes Sommergericht, das zum Repertoire jedes französischen Kochs gehört. Das Hühnchen und die Sahnesauce können heiß oder auch kalt gegessen werden; Sie können dieses Gericht also je nach Laune oder passend zum Wetter servieren.

Wenn möglich, französischen Estragon verwenden, denn er hat einen besonders feinen, leichten Geschmack. Die Sorte, die als russischer Estragon bekannt ist, ist gröber, duftet nicht und schmeckt bitter.

FÜR 4–6 PERSONEN

1,5–2 kg Brathühnchen
1 Liter kochendes Wasser
55 g weiche Butter
2 Eßlöffel feingehackte Estragonblätter
Salz und frisch gemahlener Pfeffer
60 ml trockener Weißwein
1 Teelöffel Butter,
vermischt mit 1 Teelöffel Mehl für eine Schwitze
(beurre manié)
150 ml Sahne

Das Hühnchen ausnehmen, in eine Schüssel oder den Ausguß legen und mit dem kochenden Wasser übergießen. Mit diesem französischen Küchentrick wird die Haut des Geflügels gefestigt und so der Geschmack besser erhalten. Mit Küchenkrepp abtrocknen.

Die Butter mit der Hälfte des Estragon und ein wenig Salz und Pfeffer vermischen. Sie wird entweder in das Innere des Hühnchens oder über das Brustfleisch unter die Haut gestrichen. Das Hühnchen in eine gußeiserne Kasserolle legen, den Wein darübergießen, abdecken und bei mittlerer Hitze (190° C, Gas: Stufe 2–3) 1–1½ Stunden lang braten, bis es gar ist.

Das Hühnchen auf eine vorgewärmte Platte legen, die *beurre manié* in den Bratensaft in der Kasserolle rühren und Flüssigkeit 1 Minute lang durchkochen lassen. Die Sahne und den restlichen Estragon zugeben und unter Rühren aufkochen lassen, um die Sauce zu binden. Zum Servieren wird sie über oder neben das Hühnchen gegossen.

FRANZÖSISCHER ESTRAGON – *Dieser alte Topf aus Anduze in den Cévennen, der inmitten von Erdbeerpflanzen steht, ist dicht gefüllt mit wohlschmeckendem französischem Estragon.*

Wenn dieses Gericht als kalte Mahlzeit gereicht werden soll, das Hühnchen zerteilen (ich ziehe sogar – zur Freude meiner Katzen – die Haut ab), die Sauce über das Fleisch gießen und abkühlen lassen. Wenn es bei Zimmertemperatur serviert wird, kommt der Geschmack am besten zur Geltung.

SUPRÊMES DE VOLAILLE AU PISTOU

HÜHNERBRUST MIT PISTOU GEFÜLLT

Pistou, eine wohlschmeckende, aromatische Mischung aus frischem Basilikum, Knoblauch, Pinienkernen und Parmesankäse, ist die provenzalische Variante der berühmten Genueser Pesto-Sauce. Sie paßt nicht nur ausgezeichnet zu Teigwaren und sommerlichen Gemüsesuppen, sondern ergibt auch eine ausgezeichnete Füllung für helles Fleisch, wie das vom Huhn oder Kalb. Mit Pistou gefüllte Hühnerbrust schmeckt immer gut – ob heiß serviert oder kalt aufgeschnitten, so daß man die farbige Füllung bewundern kann.

FÜR 4–6 PERSONEN

4–6 (je nach Größe) Hühnerbrüste, enthäutet
15 g Basilikumblätter
3 Knoblauchzehen
2–4 Eßlöffel Olivenöl
30 g frisch geriebener Parmesankäse
2–3 Scheiben französisches Weißbrot,
ohne Rinde zu Paniermehl zerrieben
1 Eßlöffel Pinienkerne

Mit einem hölzernen Fleischklopfer vorsichtig die Hühnerbrüste flachklopfen. Jede einzeln auf ein Stück leicht eingeölte Aluminiumfolie legen.

Basilikum, Knoblauch und Olivenöl in einen Mixer oder Mörser geben und zusammen fein hacken oder zerdrücken. Den Käse und das Paniermehl dazugeben und zusammen mit 2–3 Eßlöffel heißem Wasser zu einer streichfähigen Paste verrühren. Mit den Pinienkernen vermischen.

Die Mischung auf die einzelnen Hühnerbrüste verteilen und gleichmäßig auf das Fleisch streichen. Das Brustfleisch mit der Pistou-Füllung aufrollen und das Fleisch fest in Folie wickeln.

Die Päckchen in einen Bräter legen und bei mittlerer Hitze (180° C, Gas: Stufe 2) 30–40 Minuten lang im Ofen braten. Auswickeln, den Bratensaft über das Fleisch geben und servieren.

Als Alternative können Sie das Fleisch abkühlen lassen, kalt stellen und aufgeschnitten anbieten.

PÂTÉ DE FOIE DE DINDON AUX FEUILLES DE CUMIN DES PRÉS

TRUTHAHNLEBERPASTETE MIT KÜMMELBLÄTTERN

Kümmel läßt sich leicht anbauen, seine frischen Blätter haben einen zarteren Geschmack als die getrockneten Samen. Es ist jedoch durchaus möglich, für dieses Gericht die frischen Blätter durch feingemahlenen Samen zu ersetzen.

FÜR 4 PERSONEN

225 g Truthahnleber
100 g weiche ungesalzene Butter
1 kleine Zwiebel, fein gehackt
1 kleine Knoblauchzehe, fein gehackt
2 Eier, hart gekocht und geschält
½ getrocknetes Lorbeerblatt, zu Pulver zerrieben
2 Teelöffel gehackte Kümmelkrautblätter
oder ¼ Teelöffel Kümmelsamen, fein gemahlen
Salz und frisch gemahlener Pfeffer

ZUM GARNIEREN
einige Blätter Kümmelkraut oder glatte Petersilie

Die Truthahnleber in kleine Stücke schneiden. 15 g Butter in einer Pfanne schmelzen und die Zwiebel und den Knoblauch 3 Minuten anbraten. Dann die Truthahnleber hinzufügen und bei mittlerer Hitze unter gelegentlichem Umrühren 5–7 Minuten braten, bis die Leber nicht mehr rosa ist.

Von der Kochplatte nehmen und 5 Minuten lang abkühlen lassen. Den Inhalt der Pfanne in eine Küchenmaschine oder einen Mixer geben, die kleingeschnittenen Eier hinzufügen und die Mischung zu einer weichen Paste verarbeiten. Mit dem Lorbeerblatt, den Kümmelkrautblättern oder dem gemahlenen Samen und ein wenig Salz und Pfeffer würzen. Die restliche Butter untermischen, bis alles gut verrührt ist.

Die Mischung in vier kleine Töpfchen oder Auflaufförmchen geben und glattstreichen. Die Pastete kühl stellen, so lange es nötig ist (sie kann ohne weiteres 2–3 Tage im Kühlschrank bleiben), dann mit einem Zweig Kümmelkraut oder Petersilie garnieren. Dazu gibt es heißen Roggen- oder Vollkorntoast, zu Dreiecken geschnitten.

OIE RÔTIE SAUCE DE L'OSEILLE ET AUX POMMES

GEBRATENE GANS MIT EINER SAUCE AUS ÄPFELN UND SAUERAMPFER

Als ich vor einigen Jahren zu Weihnachten an meinen Sauerampferpflanzen unerwartet viele junge Blätter fand, verwendete ich sie für eine Sauce zu meiner gebratenen Gans und war überrascht, wie hervorragend diese scharfe, säuerliche Sauce zu dem Fleisch schmeckte. Kürzlich entdeckte ich ein altes Rezept aus dem Perigord für Gans mit Sauerampfersauce, und innerlich mußte ich lächeln. Offenbar erfinden Köche die gleichen Gerichte immer wieder neu.

FÜR 6–8 PERSONEN

4 kg Gans
Salz
570 g Kochäpfel wie zum Beispiel Boskopp
30 g Butter
4 Eßlöffel mittelsüßer Cidre
55–85 g Zucker
30 g Sauerampferblätter, kleingeschnitten

Die Gans auf einem Rost in die Bratenpfanne legen und rundherum mit Salz bestreuen.

Die Äpfel schälen, die Kerngehäuse entfernen, die Apfelschale in das Innere der Gans stopfen und den Vogel zunähen.

In dem heißen Backofen (200° C, Gas: Stufe 3) 2 Stunden lang braten, bis der am Schenkel austretende Saft klar ist. Währenddessen ein- oder zwei Mal das austretende Gänsefett abgießen und kühl stellen, um es für andere Gerichte zu verwenden.

Die Gans noch 30 Minuten im warmen Ofen ruhen lassen, bevor sie serviert wird.

Für die Sauce die Butter in einer Pfanne schmelzen. Die Äpfel kleinschneiden und zusammen mit dem Cidre und dem Zucker dazugeben.

Bei mittlerer Hitze köcheln lassen, bis die Äpfel weichgedünstet sind. Die Sauerampferblätter hineingeben und vom Herd nehmen.

Die Gans zerlegen und mit der Apfelsauce und dem Bratensaft aus der Fleischpfanne servieren.

CANARD AU PICHOLINES
ENTE MIT PICHOLIN-OLIVEN

Picholinen sind längliche, oval geformte Oliven, die einen intensiven, leicht bitteren Geschmack haben, der äußerst delikat ist.

FÜR 6 PERSONEN

2–2,5 kg Ente
3 Eßlöffel Olivenöl
2 mittelgroße Zwiebeln, gehackt
1 Eßlöffel Mehl
3 Tomaten, enthäutet und entkernt
150 ml trockener Weißwein
75 ml Wasser
Salz und frisch gemahlener Pfeffer
4 Lorbeerblätter
3 Petersilienzweige mit den Stengeln
3 Knoblauchzehen, geschält und zerdrückt
300 g Picholinen oder andere grüne Oliven

Die Ente in sechs Teile zerlegen. Die Stücke in einer gußeisernen Kasserolle mit der Hälfte des Olivenöls leicht anbraten und mit Küchenkrepp abtupfen.

Den Rest des Öls in der Kasserolle erhitzen und die Zwiebeln 6–8 Minuten darin anbraten, bis sie golden und glasig sind. Das Mehl hineinrühren, dann die Tomaten, den Wein und das Wasser hinzugeben und umrühren, bis alles gut vermischt ist. Mit Salz und Pfeffer abschmecken.

Die Ententeile in die Kasserolle geben und mit den Lorbeerblättern, der Petersilie und dem Knoblauch umlegen. Abdecken und bei geringer Hitze 30 Minuten lang kochen lassen.

Die Picholinen mit kochendem Wasser übergießen und gut abtrocknen. Die Oliven in die Kasserolle geben, und alles zugedeckt noch weitere 30 Minuten kochen, bis die Ente gar ist. Sofort servieren.

WEINBERG IM FRÜHLING *(folgende Seite) – Unzählige Weinstöcke – noch ohne Blätter – umgeben eine alte Kirche in der Gegend von Bandol.*

WACHOLDERBÜSCHE – *Aufrecht stehen die dunklen Wacholderbüsche an einem Hügel in der Provence. Die Einheimischen verwenden die Beeren zum Würzen.*

89

MOUSSE
DE FOIE DE CANARD
ENTENLEBERMOUSSE

Wenn Sie keine Entenleber bekommen können, so wird diese Mousse fast genauso gut, wenn Sie dafür Hühnerleber verwenden. Sie ist wunderbar leicht und cremig. Ich biete dazu gern eine sehr weiche, warme Kräuterbutter an.

FÜR 6 PERSONEN

225 g Entenleber
4 Eier
4 Eigelb
1 Knoblauchzehe, zerdrückt
¼ Teelöffel getrockneter Thymian, fein zerrieben
300 ml Sahne
150 ml Milch
Salz und frisch gemahlener Pfeffer
ein Stückchen Butter
KRÄUTERBUTTER
15 g Petersilienblätter
15 g Kerbelblätter
2 Eßlöffel feingeschnittener Schnittlauch
30 g Brunnen- oder Gartenkresse
100 g Butter, geschmolzen
ein Spritzer Estragonessig oder Zitronensaft
Salz und frisch gemahlener Pfeffer
ZUM GARNIEREN
einige Zweige Kerbel

Die Leber in einer Küchenmaschine oder im Fleischwolf sehr fein zerkleinern. Dann mit den Eiern, den Eigelb, dem Knoblauch, dem Thymian, der Sahne und der Milch vermischen. Diese Mischung wird durch ein feines Nylonsieb in eine Schüssel passiert und mit Salz und Pfeffer vorsichtig abgeschmeckt.

6 kleine Auflaufförmchen buttern und mit kreisrundem gebuttertem Pergamentpapier auslegen. Die Mischung in die Formen geben und diese auf eine Lage gefaltetes Zeitungspapier in ein Wasserbad mit warmem Wasser stellen, das bis zur Mitte der Förmchen reichen sollte.

Im warmen Backofen (160° C, Gas: Stufe 1) 20–30 Minuten backen. Die Mousse darf nicht zu lange im Ofen bleiben, denn sie könnte dadurch mißlingen. Sie ist gar, wenn Sie mit einem Messer in die Mitte stechen und es sauber bleibt.

Für die Kräuterbutter die Kräuter abspülen und in Wasser 3–4 Minuten lang blanchieren, bis die Blätter weich, aber immer noch leuchtend grün sind. In einer Küchenmaschine oder im Mixer sehr fein hacken und, wenn nötig, ein wenig Wasser hinzugeben, damit ein weiches Püree entsteht. Lassen Sie erst die geschmolzene Butter langsam hineintropfen und träufeln dann den Estragonessig oder den Zitronensaft hinein. Leicht mit Salz und Pfeffer würzen und die Kräuterbutter in ein vorgewärmtes Kännchen oder eine Schüssel geben.

Zum Servieren mit einem Messer um den inneren Rand der Förmchen fahren und diese dann auf einen Teller stürzen. Ein wenig von der Kräuterbutter darübergeben und mit einem Kerbelzweig garnieren.

CANARD SAUVAGE
AU GENIÈVRE
WILDENTE MIT WACHOLDERBEEREN

Wenn ich nach Frankreich fahre, verbringe ich immer viel Zeit in einem kleinen Dorf in der südlichen Ardèche. Das Häuschen, in dem ich dann wohne, wird an der einen Seite von einem Weinberg und an der anderen Seite von einem hügeligen Lavendelfeld begrenzt. Die Hügel hinter dem Haus sind mit dem niedrigwachsenden *maquis*, dem Wildwuchs der Provence, bedeckt. Hier finde ich die meisten der Kräuter, die ich zum Kochen brauche: wilden Thymian oder *serpolet*, wilde Minze, Rosmarin und Fenchel. Die größten Pflanzen dort sind die graugrünen Wacholderbüsche, und im August pflücke ich die Beeren. Einige der Wacholderbeeren verwende ich für meine französischen Gerichte, die anderen nehme ich mit zurück nach England.

Wacholderbeeren haben einen einzigartigen, leicht harzigen Geschmack, der ein wenig an Gin erinnert, zu dessen Herstellung Wacholderbeeren ja auch verwendet werden. Sie passen gut zu Fleisch mit starkem Eigengeschmack, besonders zu Wild.

FÜR 2–4 PERSONEN

450–900 g Wildente (Stockente)
1 Karotte, gehackt
1 kleine Zwiebel, gehackt
1 Stange Sellerie, gehackt
16 Wacholderbeeren
Salz
150 ml Hühnerbrühe oder Wasser
75 ml Gin
45 g Butter

ZUM GARNIEREN
Brunnenkresse

Die Ente mit einem feuchten Lappen abtupfen. Die Karotte, die Zwiebel und den Sellerie in einen Bräter geben. Wenn die Innereien dabei sind, legen Sie auch diese dazu. Die Hälfte der Wacholderbeeren zerdrücken und in die Ente füllen. Von außen mit Salz bestreuen.

Die Ente auf das Gemüse in den Bräter legen und im heißen Backofen (200° C, Gas: Stufe 3) 45 Minuten braten. Das überflüssige Fett abgießen und die Ente umdrehen, so daß sie mit der Brust nach unten liegt. Weitere 10 Minuten braten. Wenn sie gar ist, auf eine vorgewärmte Platte geben und warm stellen.

Alles Fett aus dem Bräter abgießen und die restlichen Wacholderbeeren und die Brühe oder das Wasser hinzufügen. Das Ganze 5 Minuten sprudelnd kochen lassen und dabei umrühren, so daß sich der Bratensatz ablöst. Anschließend durch ein Sieb in ein Kännchen geben und das Gemüse und die Innereien herausnehmen.

Den Gin in den heißen Bräter gießen und anzünden. Den durchgeseihten Bratensaft wieder zurück in die Kasserolle geben, und das Ganze noch einmal bei starker Hitze 3 Minuten lang aufkochen, so daß die Sauce leicht dicklich wird. Von der Kochplatte nehmen und in kleinen Stückchen die Butter dazu geben. Aufschlagen, bis die Butter geschmolzen ist und sich mit der Sauce vermischt hat.

Die Ente tranchieren, mit der Brunnenkresse garnieren und ein wenig von der Sauce darübergeben. Die restliche Sauce wird in einer Schale dazu gereicht.

PINTADEAU AU VIN ROUGE
PERLHUHN IN ROTWEIN

Das Perlhuhn ist wegen seines leichten Wildgeschmacks in Frankreich zu Recht sehr beliebt. In kleinen Städten auf dem Lande gibt es manchmal einen Stand auf dem Markt, wo das gelbfleischige Geflügel – ausgenommen, dressiert und ofenfertig – angeboten wird. Ich erinnere mich an einen Stand, an dem die Bauersfrau ein großes Farbfoto befestigt hatte, auf dem man sah, wie das schwarzweiß gesprenkelte Federvieh fröhlich auf ihrem Hof herumpickte.

FÜR 6 PERSONEN

2 kg Perlhuhn, zerteilt
2 Eßlöffel Olivenöl
200 g lard fumé oder durchwachsener Speck in Würfeln
2 mittelgroße Zwiebeln, fein gehackt
2 Knoblauchzehen, fein gehackt
1 Eßlöffel Mehl
1 Flasche Rotwein:
Côtes du Rhône oder Côtes de Provence
6 frische oder 3 getrocknete Lorbeerblätter
2 Thymianzweige
1 Zweig frisches Bohnenkraut
Salz und frisch gemahlener Pfeffer
570 g kleine Zuchtpilze

Braten Sie die Stücke vom Perlhuhn in einer gußeisernen Kasserolle bei mittlerer Hitze in dem Öl leicht an. Das Fleisch auf einen Teller legen und den Speck in die Kasserolle geben.

Braten, bis das Fett glasig wird, dann die Zwiebeln und den Knoblauch hinzufügen. Das Mehl hineinrühren, 2 Minuten braten lassen, dann mit einem Teil des Weins ablöschen. Würzen und den Rest des Weins hinzugießen, dann die Kräuter hineinstreuen und das Fleisch dazulegen. Abdecken und bei leichter Hitze oder im Backofen bei mittlerer Hitze (180° C, Gas: Stufe 2) 30 Minuten lang kochen lassen.

Die Pilze in die Kasserolle geben und mit der Sauce bedecken. Wieder abdecken und noch weitere 30 Minuten kochen, bis das Perlhuhn gar ist.

Wenn die Sauce zu flüssig ist, in einem Topf reduzieren, dann wieder in die Kasserolle gießen und im Topf servieren.

FAISAN À LA VIGNERONNE
FASAN À LA VIGNERONNE

Heutzutage ist *la vigneronne*, die Winzerin, glücklicherweise immer häufiger auch die Besitzerin des Weingutes. Hier haben wir nun eine besonders schmackhafte Variante der Zubereitung für dieses manchmal etwas trockene Geflügel gefunden. Wenn Sie keinen *Vieux Marc de Bourgogne* bekommen können, nehmen Sie statt dessen schottischen Whisky – selbst meinen französischen Freunden hat es gut geschmeckt.

FÜR 4–6 PERSONEN

2 ofenfertige Fasane
Salz und frisch gemahlener Pfeffer
4 mittelgroße Zweige serpolet *oder gezogener Thymian*
55 g Butter
4 Eßlöffel trockener Weißwein
1 kleine rote Zwiebel oder Schalotte, gehackt
115 g dunkle Trauben, halbiert und entkernt
2 Eßlöffel Vieux Marc de Bourgogne
4 Eßlöffel Crème fraîche oder Crème double

Die Fasane mit Salz und Pfeffer würzen und jeweils einen Zweig Thymian in das Innere legen. Die Hälfte der Butter in einer gußeisernen Kasserolle schmelzen lassen und die Fasane leicht von allen Seiten anbraten. Den Wein hinzugeben, die Kasserolle schließen und bei niedriger Hitze oder im mittelheißen Ofen (190° C, Gas: Stufe 2–3) 40–50 Minuten braten, bis die Fasane so gar sind, wie Sie es mögen.

Die Fasane auf eine vorgewärmte Platte legen. Die restliche Butter im Topf schmelzen lassen und darin die Zwiebel 4–5 Minuten lang weich dünsten. Die Trauben hinzugeben und noch 3 Minuten braten. Den *Marc de Bourgogne* anzünden und in den Topf gießen. Die Sauce köcheln lassen, bis sie dicklich wird, dann von der Platte nehmen und die Sahne hineinrühren. Die Sauce über oder neben die Fasane gießen, das Gericht mit dem verbliebenen Thymian garnieren und servieren.

CAILLES CUITES DANS DES POIVRONS
WACHTELN IN PAPRIKASCHOTEN

Dieses Rezept ist eine Abwandlung von einem alten Gericht aus Nizza für Drosseln, gekocht in grünen Paprikaschoten. Wachteln schmecken mir jedoch weitaus besser, und ein Freund, der dieses wohlschmeckende Geflügel züchtet, verkauft sie zum Teil ohne Knochen. Das ist für unser Rezept ideal; doch auch Wachteln mit den Knochen schmecken, auf diese Art gekocht, wunderbar. Nachdem ich die Wachteln gekauft habe, suche ich den Paprika – rote, gelbe, orange, sogar auch grüne Schoten – passend zur Größe der kleinen Vögel aus.

FÜR 4 PERSONEN

4 Wachteln
4 Paprikaschoten
3–4 Eßlöffel mit Kräutern gewürztes
(siehe Seite 118)
oder einfaches Olivenöl
4 kleine Knoblauchzehen
4 Zweige von einem Kraut, das zu dem Öl paßt
Salz
Pfeffer Mignonette
(siehe Seite 96)
4 frische Lorbeerblätter

Mit einem Gemüsemesser um den Stengel der Paprikaschoten einen Deckel abschneiden, so daß eine Öffnung entsteht, die ausreicht, um die Samen und die Zwischenhäute zu entfernen.

Die Schoten gut ausspülen, gut abtrocknen und ein bißchen Öl hineinträufeln.

Eine Knoblauchzehe und den Kräuterzweig in die Wachteln stecken.

Mit Salz und Pfeffer würzen und die Haut mit dem Öl beträufeln. Jede Wachtel in eine Paprikaschote schieben, ein Lorbeerblatt quer über die Öffnung legen und die Enden feststecken. Die Paprikaschoten in eine eingeölte feuerfeste Form legen und das restliche Öl darüberträufeln.

Im mittelheißen Ofen (190° C, Gas: Stufe 2–3) 30–40 Minuten braten und dabei die Paprika hin und wieder mit dem Öl bestreichen.

Sofort servieren.

PIGEONS AUX TROIS HERBES SUR UN LIT DE RIZ

TAUBEN MIT DREI KRÄUTERN IM REISBETT

Zum ersten Mal sah ich ein Gericht mit dem Namen *Pigeons aux Trois Herbes* auf einer Speisekarte im Eingang zu einem netten Restaurant in Forcalquier. Ich wollte unbedingt hineingehen und die Tauben probieren, aber wir hatten schon ein opulentes Picknick ins Auto gepackt. Wir fuhren also weiter und aßen an einem Wiesenrand mit einem wunderschönen Blick auf die Berge der *Haute Provence* zu Mittag. Später in diesem Sommer erfand ich meine eigenen *Pigeons aux Trois Herbes* und gab sie auf ein Bett aus Reis. Aber ich würde trotzdem noch gern jenes Gericht in Forcalquier probieren. Vielleicht fahre ich eines Tages wieder dorthin und bestelle es mir.

FÜR 2–3 PERSONEN

2 dicke ofenfertige Waldtauben
je 3 Zweige von Thymian, Rosmarin und Majoran
55 g Butter
1 dicke Scheibe lard fumé
oder durchwachsener geräucherter Speck
1 Schalotte, fein gehackt
Salz und frisch gemahlener Pfeffer
225 g brauner Rundkornreis
425 ml Wild- oder Hühnerbrühe
oder Wasser

Prüfen Sie, ob die Tauben restlos von den Federn befreit sind, und entfernen Sie übriggebliebene Federn. Legen Sie je einen Zweig von den Kräutern in jede Taube.

Die Butter in einer gußeisernen Kasserolle schmelzen und die Schalotten und den *lard fumé* oder Schinkenspeck 2 Minuten darin anbraten. Die Tauben hinzugeben und von allen Seiten in der Butter knusprig braun anbraten. Die Tauben auf einen Teller legen und mit Salz und Pfeffer würzen.

Den Reis in die Kasserolle mit der Butter geben, die Brühe hinzufügen und das Ganze zum Kochen bringen. Die Tauben auf den Reis legen, die restlichen Kräuterzweige dazwischen stecken.

Zudecken und bei mittlerer Hitze (180° C, Gas: Stufe 2) 1½–2 Stunden braten, bis die Tauben zart sind und der Reis die ganze Flüssigkeit aufgesogen hat und gar ist.

FILET DE CHEVREUIL À LA SAUGE

REHFILET MIT SALBEI

Salbei kommt mir immer wie der arme Verwandte unter den Kräutern vor. Wir verwenden ihn nur dann, wenn es unbedingt nötig ist, zum Beispiel im tiefen Winter, wenn es nur wenige frische Kräuter zu kaufen gibt. Aber wenn wir ehrlich sind, müssen wir zugeben, daß dieses Gewürz durchaus viele Vorzüge hat und wir ihm Unrecht tun, wenn wir es lediglich als kulinarischen Lückenbüßer ansehen.

Die alten Griechen schätzten Salbei sehr hoch, und die Druiden in Britannien glaubten, daß ein Trank aus diesem Kraut Tote wieder zum Leben erwecken könnte. Allerdings sollte uns klar sein, daß Salbei nur mit äußerster Vorsicht verwendet werden darf; zwei Blättchen im Inneren einer Ente, die gebraten wird, lassen bereits die ganze Küche nach seinem Aroma duften. Ich habe herausgefunden, daß Salbei gut zu Wildbret paßt, das ebenso wie Beefsteak nur kurz gebraten zu werden braucht, vorausgesetzt, man hat das richtige Stück Fleisch.

Früher war Pfeffer Mignonette eine Mischung aus den Gewürzen Paprika, Muskatnuß, Koriander, Zimt, Ingwer und Nelken und wurde zum Würzen von Suppen und Eintopf verwendet. Inzwischen bezeichnet man damit zumeist grobgemahlenen weißen Pfeffer. Meine Variante davon ist eine Mischung aus 3 Teilen schwarzem Pfeffer, 1 Teil weißem Pfeffer und 2 Teilen Koriander, in einer Mühle gemahlen.

FÜR 3–4 PERSONEN

300 g Filet vom Wild
Salz
frischgemahlener Pfeffer Mignonette
55 g Butter
1 Schalotte, fein gehackt
4 junge Zweige Salbei, in feine Streifen geschnitten
150 ml saure Sahne

Das Filet in 0,5 cm dicke Streifen schneiden und mit Salz und Pfeffer würzen. Die Butter in einer Pfanne schmelzen und die Schalotte darin 2–3 Minuten weich dünsten. Das Wildbret und den Salbei hinzugeben und unter Rühren 5–6 Minuten – oder bis das Fleisch nach Ihrem Geschmack gar ist – brutzeln lassen. Die Hitze drosseln und die saure Sahne hineinrühren. Sofort servieren.

LAPIN GRILLÉ
DES HAUTS PLATEAUX

GEGRILLTES KANINCHEN
NACH ART DER HOCHEBENE

In der bergigen Region der Auvergne in Zentralfrankreich gibt es viele einfache, aber ausgezeichnete Rezepte für Wild. Diese Art, Kaninchen zuzubereiten, gelingt am besten über einem Holzfeuer, doch auch auf einem Grill oder sogar im Backofen wird es sehr gut.

FÜR 4–5 PERSONEN

1 ofenfertiges Kaninchen,
längs geteilt
115 g Butter, zerlassen
6 Zweige Rosmarin,
von der gleichen Länge wie das Kaninchen
Salz und frisch gemahlener Pfeffer

BERGKRÄUTER – *Im Frühsommer lassen die Blüten der wild wachsenden Rosmarinbüsche die Gebirgsgegenden in Südfrankreich blauviolett aufleuchten.*

Zerlassene Butter auf doppelt gefaltete Aluminiumfolie streichen und die Hälfte der Rosmarinzweige darauflegen.

Das Kaninchen rundum mit zerlassener Butter bestreichen und mit Salz und Pfeffer würzen. Auf den Rosmarin legen und mit den übrigen Zweigen bedecken. Die Folie über dem Kaninchen und dem Rosmarin verschließen, und das Paket auf ein Rost über ein Holzfeuer oder einem Grill legen. Unter gelegentlichem Wenden 30–40 Minuten braten, bis es gar ist.

Eine andere Möglichkeit besteht darin, das Kaninchen im Ofen bei mittlerer Hitze (190° C, Gas: Stufe 2–3) 30–40 Minuten zu braten. Dazu gibt es reichlich knusprig geröstetes, heißes Brot oder Pellkartoffeln.

EIER
UND KÄSE

Die einfachsten Gerichte mit Eiern und Käse schmecken oft am besten, besonders wenn sie mit einigen ausgesuchten frischen Kräutern oder einem Sträußchen herbes de Provence gewürzt sind.

FROMAGE DE CHÈVRE À L'HUILE D'OLIVE *links (S. 106)*
FROMAGE FAISELLE AUX FINES HERBES *rechts (S. 110)*

Auf nahezu jedem Markt in Südfrankreich gibt es einen Stand, an dem getrocknete Kräuter und Gewürze verkauft werden. Die Gewürze werden oft in zahlreichen offenen Holzschachteln angeboten, während die Kräuter in säuberlich aufgerollten Säckchen nebeneinander aufgereiht liegen, so daß man ihren Inhalt betrachten kann. Die Kräuter sind zart und pastellfarben: blaßgrüne getrocknete Minze liegt neben staubiggelben Zitronenblüten, aus denen man Aufgüsse bereitet, oder neben grau-violetten Lavendelblüten und -samen, mit denen man Zucker parfümiert, und rauchgrauem Salbei und *serpolet* für Rinderbraten oder für eine Marinade.

Die Kräuterstände verbreiten eine ruhevolle, friedliche Atmosphäre, und ich versuche meistens, erst all meine anderen Einkäufe zu erledigen, ehe ich mich zu dieser stillen, duftenden Oase auf dem lauten Markt begebe. Wenn ich Glück habe, hat der Besitzer ein bißchen Zeit und kann sich mit mir unterhalten. Währenddessen schnuppere ich an einem Kraut oder probiere ein wenig von einem Gewürz. Jean-Paul ist der Inhaber von einem Kräuter- und Gewürzstand auf dem lebhaften Markt in Pierrelatte im Rhônetal. Sein Vater arbeitet für die Ducros Kräuter- und Gewürzgesellschaft, und so ist Jean-Paul natürlich bestens informiert über die Herkunft und die besonderen Eigenschaften seiner Kräuter und Gewürze. Ich kaufe bei ihm rosa Pfefferkörner, Lavendelseife und einen kleinen Beutel *herbes de Provence*.

Die Mischung, die *herbes de Provence* genannt wird, enthält für gewöhnlich Basilikum, Fenchel, Majoran, Oregano, Rosmarin und Thymian und gelegentlich auch Minze und Salbei. Sie ist besonders aromatisch, und wenn ich in Frankreich oder daheim in England im Freien grille, verwende ich sie großzügig. Oft schon, wenn ich in England im Winter keine Kräuter bekommen konnte, war ich dankbar für meinen Beutel mit *herbes de Provence*, denn sie gaben meinen Gerichten das ganz besondere südländische Aroma. Auch wenn eine Mahlzeit nur aus einem Omelett oder einer Scheibe gerösteten Käse besteht und Sie keine frischen Kräuter zur Hand haben, wecken kleine Mengen *herbes de Provence*, die darübergestreut werden, mit Sicherheit Ihre Lebensgeister.

GETROCKNETE KRÄUTER

Obwohl es sich nicht lohnt, alle Sorten von Küchenkräutern zu trocknen – ich finde zum Beispiel Petersilie äußerst enttäuschend – sind andere, die auch getrocknet hervorragend schmecken, wie Lorbeerblätter, Rosmarin, Thymian und Majoran, für eine gute Küche sehr wertvoll. Kräuter, die man trocknen will, pflückt man am besten, bevor sie blühen, denn dann sind ihre aromatischen Öle am intensivsten. Warten Sie, bis der Morgentau getrocknet ist, und pflücken Sie sie mit dem ganzen Stengel, nicht nur die Blätter, denn diese haben einen besseren Geschmack, wenn man sie erst nach dem Trocknen von den Stengeln abnimmt. Sie können die Kräuter ruhig zusammenbinden.

Hängen Sie die Bündel an einen trockenen, warmen Platz ohne direkte Sonnenbestrahlung, da diese sowohl die Farbe als auch den Geschmack verblassen läßt. Wenn die Blätter so trocken sind wie Papier, können sie vorsichtig abgepflückt und in Schraubgläsern an einem dunklen Ort aufbewahrt werden.

Am besten trocknen lassen sich Lorbeerblätter, Katzenminze, Lindenblüten, Bohnenkraut, Majoran, Minze, Oregano, Rosmarin, Salbei, Liebstöckel, Thymian, Eisenkraut, *serpolet*, und die Samen von Anis, Kümmel, Koriander, Kreuzkümmel, Dill, Fenchel, Wacholder und Lavendel.

KRÄNZE AUS KRÄUTERN

Wenn ich nur wenige Kräuter trocknen möchte, vielleicht zur Erinnerung an einen bestimmten Ort oder Kräutergarten, binde ich einen Kranz aus Kräutern – eine *couronne d'herbes*. Das ist eine besonders schöne Art, Kräuter haltbar zu machen. Man kann den Kranz an die Küchenwand hängen und bei Bedarf Zweige und Blätter abpflücken.

Für einen Kranz aus Kräutern braucht man 60 cm dicken und 60 cm feinen Blumendraht, 6–8 Zweige vom Lorbeerbaum mit vielen Blättern, 4–6 Stengel Majoran, 4 kurze Stengel Rosmarin, 4 Spitzen Fenchelgrün oder blühenden Dill und noch einige Zweige von anderen Kräutern, die sich gut trocknen lassen.

Binden Sie den dicken Blumendraht zu einem Ring von ungefähr 25 cm Durchmesser, und befestigen Sie die Enden gut. Mit dem feinen Blumendraht werden die Kräuterzweige im Kreis daran befestigt. Nehmen Sie die Lorbeerzweige als Hintergrund, und arrangieren Sie die anderen Kräuter in einer hübschen Anordnung darüber. Winden Sie an einer Seite eine Schlinge aus Draht zum Aufhängen, und, wenn es ein Geschenk sein soll, binden Sie ein schönes Band in den Kranz. Hängen Sie ihn an einem warmen, luftigen Platz auf, jedoch nicht ins Sonnenlicht, damit er nicht verblaßt.

TARTE AUX HERBES
KRÄUTERKUCHEN

Eier passen wunderbar zu frischen Kräutern. Diesen köstlichen, cremigen Kuchen bereite ich gern im Hochsommer, wenn ich ein leichtes Gericht haben möchte, das nur nach frischen Kräutern schmeckt.

FÜR 6 PERSONEN

TEIG
150 g Mehl
1 Prise Salz
85 g Butter
1 Eigelb gemischt mit 1 Eßlöffel Milch
BELAG
1 Knoblauchzehe
2 Eier und 2 Eigelb
150 ml Sahne
55 g gemischte frische Kräuter
(Petersilie, Schnittlauch, Kerbel, Estragon, Sauerampfer),
fein gehackt
Salz und frisch gemahlener Pfeffer

Das Mehl in eine Schüssel sieben und das Salz und die Butter in kleinen Flöckchen hinzugeben. Mit dem Eigelb und der Milch zu einem Teig verkneten. Eingewickelt 30 Minuten lang kühl stellen.

Den Teig ausrollen, so daß er in eine Kuchenform von 23 cm Durchmesser paßt. Den Boden mehrmals einstechen und im heißen Ofen (200° C, Gas: Stufe 3) 10–15 Minuten backen, bis er gar, aber noch nicht gebräunt ist. Die Kuchenform aus dem Ofen nehmen und die Temperatur auf 190° C (Gas Stufe 2–3) herunterschalten.

Für den Belag den Knoblauch schälen und auf eine Gabel spießen. Mit dieser Gabel die Eier mit den Eigelb und der Sahne verschlagen. (Das ist ein Trick von Escoffier, mit dem man einer Mischung nur die Spur des Geschmacks von Knoblauch gibt.) Die Kräuter hineinrühren und leicht mit Salz und Pfeffer würzen. Die Mischung in die Form gießen und 20–25 Minuten backen, bis der Belag gar ist. Der Kuchen kann heiß, warm oder kalt gegessen werden.

Zur Abwechslung gebe ich manchmal ein wenig gebratenen Schinkenspeck oder Schinken oder etwas geriebenen Gruyère in die Mischung, ehe ich sie in die Form gieße.

RIGODON
BURGUNDISCHE SCHINKENPASTETE

Der Name dieser mit Thymian gewürzten Pastete aus Eiern und Schinken geht auf einen Tanz mit anmutigen leichten Bewegungen zurück, der angeblich von M. Rigaud, einem Tanzmeister aus Marseille, im siebzehnten Jahrhundert kreiert wurde. Dieses Gericht ist eine Spezialität aus Burgund; dort gibt es außerdem eine süße Variante mit gemahlenen Gewürzen und gehackten Nüssen.

FÜR 4 PERSONEN

200 g jambon cru (wie zum Beispiel Parmaschinken)
oder geräucherter Schinken in Würfeln
45 g Butter
5 Eier
45 g Mehl
570 ml Milch, erwärmt
Salz und frisch gemahlener Pfeffer
geriebene Muskatnuß
½ Teelöffel gehackter Thymian

Den Schinkenspeck oder Schinken vorsichtig anbraten, bis das Fett austritt. Eine feuerfeste Form, die 1,5 Liter faßt, mit Butter bestreichen und den Schinken hineingeben.

Die Eier mit dem Mehl verschlagen, bis die Mischung cremig ist, dann die warme Milch damit verrühren. Mit Salz, Pfeffer und Muskat würzen und den Thymian hineinrühren. In die Form gießen und auf die Oberfläche Butterflöckchen geben.

Bei mittlerer Hitze (180° C, Gast: Stufe 2) 35–40 Minuten backen, bis die Masse auch in der Mitte ganz gar ist und eine goldbraune Kruste hat. Die Pastete ein oder zwei Minuten lang abkühlen lassen und in der Form servieren.

ŒUFS EN COCOTTE À L'OSEILLE

EIER IM TÖPFCHEN MIT SAUERAMPFER

Der angenehm säuerliche, zitronenartige Geschmack des Sauerampfers paßt gut zu Eiern, ob Sie ihn nun einem Omelett zugeben oder – was noch besser ist – Eiern, die in feuerfesten Förmchen gebacken werden.

FÜR 2–4 PERSONEN

85 g junge Sauerampferblätter
30 g Butter
4 Eier
Salz und frisch gemahlener Pfeffer
4 Teelöffel Crème fraîche oder Sahne

Die Stiele entfernen und die Sauerampferblätter in kaltem Wasser waschen. Gut abtropfen lassen. Die Butter in einer kleinen Pfanne zum Schmelzen bringen und, wenn sie schaumig wird, den Sauerampfer dazugeben. Über mittlerer Hitze so lange rühren (ungefähr 3–4 Minuten), bis ein dickes, weiches Püree entsteht.

Dieses Püree auf vier mit Butter ausgestrichene *cocottes* oder ähnliche hitzebeständige Förmchen verteilen und über jede Portion ein Ei schlagen. Nach Geschmack mit Pfeffer und Salz würzen und noch einen Schlag Sahne daraufgeben.

Die Schüsselchen ins Wasserbad stellen und alles bei mittlerer Hitze (190° C, Gas: Stufe 2–3) 5–7 Minuten im Ofen backen, bis das Eiweiß fest, das Eigelb aber noch flüssig ist. Die Eier sofort mit französischem Weißbrot servieren.

RENAISSANCE-GARTEN– *Dieser Zierküchengarten oder potager von Schloß Villandry in der Touraine besteht aus neun Quadraten, die jeweils ein anderes geometrisches Muster aufweisen. In einem dieser Vierecke blüht zwischen niedrigen, beschnittenen Buchsbaumhecken saftiger Sauerampfer. Der Park von Villandry, in dem es auch Wasserspiele und einen Ziergarten gibt, wurde im sechzehnten Jahrhundert angelegt. Um 1880 wurde er umgegraben und in einen romantischen Garten englischen Stils verwandelt, aber ein neuer Besitzer begann schon Anfang unseres Jahrhunderts mit der Wiederherstellung im ursprünglichen Renaissance-Stil.*

ŒUFS SUR LE PLAT AU BEURRE DE MONTPELLIER

GEBACKENE EIER MIT MONTPELLIER-BUTTER

Oeufs sur le plat sind in Frankreich in vielen Cafés und Bars wohl das einfachste Gericht auf der Speisekarte und eine gute Alternative zum Omelett. Besonders schmackhaft sind sie mit Kräuterbutter. Montpellier-Butter ist eine verfeinerte Kräuterbutter, die ihren Namen von der schönen Hauptstadt des Languedoc hat. In der Provence wird diese Beigabe nur mit Olivenöl – ohne Butter – hergestellt und heißt *la pommade verte*. Montpellier-Butter paßt auch sehr gut zu pochierten Eiern und zu Fisch – versuchen Sie die pochierten Eier einmal auf französische Art, in trockenem Weißwein gekocht. Der Geschmack der Butter kommt besser zur Geltung, wenn sie einen Tag im voraus zubereitet wird.

FÜR 3–6 PERSONEN

6 frische Eier
1 Stück Butter
MONTPELLIER-BUTTER
115 g frische Kräuter: hauptsächlich Kerbel,
Schnittlauch und Estragon
knapp 1 Handvoll junge Spinatblätter
1 Schalotte, fein gehackt
4–5 Sardellenfilets
1 kleine Knoblauchzehe
1 Eßlöffel Kapern
2 kleine Gewürzgurken, fein gehackt
Salz und frisch gemahlener Pfeffer
geriebener Muskat
100 g weiche Butter
60–90 ml Olivenöl
Zitronensaft

Für die Monpellier-Butter die Kräuter, den Spinat und die Schalotte 2 Minuten in kochendem Wasser blanchieren. Gut abtropfen lassen und sehr fein hacken – am besten mit einer Küchenmaschine. Die Sardellenfilets, den Knoblauch, die Kapern und die Gewürzgurken dazugeben und alles gut zerkleinern. Mit Salz, Pfeffer und Muskat

würzen und mit der Butter mischen. Das Olivenöl nach und nach zugeben und alles gut verrühren, bis eine dicke, grüne Sauce entsteht. Mit Zitronensaft abschmecken und die Butter in ein kleines Gefäß füllen.

Eine flache, feuerfeste Form mit Butter ausstreichen und die Eier hineinschlagen. Vorsichtig würzen und für 7–10 Minuten in den mittelheißen Ofen (180° C, Gas: Stufe 2) geben, bis das Eiweiß fest, das Eigelb aber noch flüssig ist. Etwas Montpellier-Butter darübergeben und sofort mit französischem Weißbrot servieren.

BRIOCHE DE GANNAT AU BEURRE DE CIBOULETTE

KÄSEBRIOCHE MIT SCHNITTLAUCHBUTTER

Die entlegene, wunderschöne Auvergne in Zentralfrankreich ist seit jeher für gutes Essen und großzügige Gastfreundschaft bekannt. Aus dieser Gegend kommen auch viele der berühmten Pariser Köche. Zum großen Teil stammen die Zutaten für die Gerichte dieser Region von den riesigen Rinderherden, die auf den endlosen Weiden des Massif Central grasen. Die Bewohner der Auvergne glauben, daß es die reine, trockene Luft ist, die den Käse und die *charcuterie* hier so vorzüglich werden läßt, weil sie die langsame Reifung begünstigt, die beiden den herrlichen Geschmack verleiht.

Diese Käse-Brioche aus der Auvergne werden normalerweise mit reifem Cantal-Käse zubereitet. Sie eignen sich als Picknickgericht und zum Füllen mit Salaten, können aber auch warm als Suppenbeilage gegessen werden.

FÜR 6–8 PERSONEN

225 g Mehl
60 ml warmes Wasser
15 g frische Hefe oder 1 Teelöffel Trockenhefe
60 ml Milch
55 g Butter
2 Eier, geschlagen
115 g geriebener Cantal oder Gruyère
1 kleines Stück Butter zum Einfetten der Form
SCHNITTLAUCHBUTTER
115 g weiche Butter
2 Eßlöffel feingeschnittener Schnittlauch
etwas Zitronensaft
Salz und frisch gemahlener Pfeffer

Das Mehl in eine Schüssel sieben und an einen warmen Platz stellen. Wasser und Hefe vermischen, gut verrühren und für 10 Minuten ebenfalls an einen warmen Platz stellen, bis die Mischung schaumig ist.

In der Zwischenzeit die Milch zusammen mit der Butter erwärmen, bis diese eben geschmolzen ist. In die Mitte des Mehls eine Mulde drücken und die aufgelöste Hefe, die Milchmischung und die Eier hineingeben. Die Zutaten zu einem weichen Teig vermischen und auf einer bemehlten Arbeitsfläche etwa 5 Minuten kneten, bis der Teig elastisch wird.

Den Teig wieder in die Schüssel geben, und bedeckt an einen warmen Ort stellen, bis er sein Volumen verdoppelt hat.

Den Teig auf ein mit Mehl bestreutes Backbrett legen und den Käse darunterkneten. Eine Rolle formen, die gut in eine gefettete Ringform paßt, und das Ganze in der Form noch einmal 5–10 Minuten gehen lassen. Der Teig müßte dann die Höhe der Ringform erreicht haben.

Gebacken wird die Brioche etwa 30–35 Minuten lang auf der mittleren Einschubleiste im heißen Ofen (200° C, Gas: Stufe 3). Wenn sie sich vom Rand der Form zu lösen beginnt, ist die Brioche fertig. Lassen Sie sie aber noch 5 Minuten in der Form, bevor Sie sie zum Abkühlen auf einen Rost stürzen.

Die Schnittlauchbutter zubereiten, indem Sie den Schnittlauch und den Zitronensaft unter die Butter rühren. Nach Belieben mit Salz und Pfeffer würzen und die Butter in ein kleines Gefäß füllen. Zur Brioche servieren.

FROMAGE AUX HERBES EN GELÉE

KRÄUTERKÄSE IN SHERRY-ASPIK

Ein exquisites kleines, kaltes Käsegericht, das sich als Abendessen oder als Vorspeise zu einer leichten Mahlzeit eignet. Verwenden Sie einfach Ihre Lieblingskräuter. Ich persönlich bevorzuge immer die Kräuter, die in meinem Garten gerade Saison haben.

FÜR 4 PERSONEN

15 g Aspikpulver
150 ml kaltes Wasser
150 ml halbtrockener Sherry, vorzugsweise Amontillado
1 kleiner Bund frische Kräuter
4 kleine Kräuterfrischkäse, z. B. Boursin
einige Blätter Feldsalat oder Brunnenkresse
etwas Vinaigrette

Das Aspikpulver in kaltem Wasser einweichen und dann vorsichtig erhitzen, bis es sich aufgelöst hat. Den Topf von der Flamme nehmen und den Sherry dazugeben. Etwas abkühlen lassen. Dann eine dünne Schicht in vier Schälchen oder Tassen gießen, die nur wenig größer sein sollten als die Käseportionen. Kühl stellen, bis das Aspik fest ist.

Die Aspikschicht mit ein paar Zweigen der frischen Kräuter garnieren und den Käse darauflegen. Den Rest des flüssigen Aspiks darübergießen und die Schälchen kühl stellen, bis das Aspik fest ist.

Vor dem Servieren die Schüsselchen kurz unter heißes Wasser halten und den Käse auf kleine Teller stürzen. Den Feldsalat oder die Brunnenkresse mit den restlichen Kräutern und der Vinaigrette anrichten und um den Käse verteilen. Servieren Sie das Gericht mit französischem Weißbrot oder Brötchen.

FROMAGE DE CHÈVRE
À L'HUILE D'OLIVE
ZIEGENKÄSE IN OLIVENÖL

Ein altes provenzalisches Rezept, um Ziegenkäse für den Winter haltbar zu machen. Verwenden Sie ein würziges Olivenöl und alle fünf Kräuter, um dem Käse einen kräftigen Geschmack zu geben.

Wenn Sie keine Möglichkeit haben, kleine Ziegenkäse zu kaufen, nehmen Sie einfach ein großes Stück und teilen es.

FÜR 10 PORTIONEN

10 kleine Ziegenkäse
½ Teelöffel schwarze Pfefferkörner
½ Teelöffel weiße Pfefferkörner
½ Teelöffel Koriandersamen
1 Zweig Thymian
2 Lorbeerblätter
3 Stiele Fenchelgrün
1 Zweig Rosmarin
2 Zweige Sommerbohnenkraut
1–2 l Olivenöl

Wählen Sie einen großen Glaskrug oder ein anderes Gefäß, das hübsch genug ist, um es auf den Eßtisch zu stellen. Geben Sie die Pfefferkörner und die Koriandersamen hinein. Dann schichten Sie den Käse und die Kräuter in den Krug, wobei Sie die Kräuter hübsch sichtbar an die Glaswände legen. Wenn der Krug voll ist, mit Olivenöl auffüllen, bis der Käse völlig bedeckt ist. Den Krug gut verschließen und mindestens einen Monat lang an einem kühlen Platz lagern, bevor Sie den Käse servieren.

Natürlich kann die Lagerzeit auch länger sein, aber berücksichtigen Sie dabei, daß der Geschmack immer intensiver wird. Es gibt Leute, die den strengen, intensiven Käsegeschmack mögen, doch man muß sich erst daran gewöhnen.

SALADE D'ENDIVE FRISÉE AU CABRIDOU GRILLÉ
ENDIVIENSALAT MIT GEBACKENEM ZIEGENKÄSE

Cabri ist in der Provence der Name für eine junge Ziege, und *cabridou (cabri* und *doux)* heißt dort der kleine, runde Ziegenkäse. Oft wird dieser Käse ganz frisch gegessen, aber besonders geschätzt wird er, nachdem er 3–6 Monate gereift ist. Dann hat sich eine trockene, graue Kruste gebildet, und der Käse hat sein kräftiges, charakteristisches Aroma angenommen.

PARISER KRÄUTER – *Am Quai de la Megisserie in Paris bieten Händler in den Geschäften und an den Ständen Vögel in Käfigen, kleine Haustiere, Pflanzen und Kräuter im Topf an. Der Lärm der Vögel ist unbeschreiblich.*

Für dieses Rezept sollte der Ziegenkäse ungefähr einen Monat alt sein, dann ist er fest genug, um im Ofen zu schmelzen und als Dressing dem kühlen, knackigen Endiviensalat ein herrliches Aroma zu verleihen. Den Käse legt man bereits am Vortag mit Sommerbohnenkraut in Olivenöl ein.

FÜR 4 PERSONEN

4 kleine Ziegenkäse
(oder 4 Scheiben eines größeren Stücks)
2 Teelöffel Olivenöl
1 Teelöffel Sommerbohnenkraut, gehackt
1 Teelöffel schwarzer Pfeffer,
grob zerkleinert
225 g krauser Endiviensalat
(Frisée)
1 Handvoll Raukeblätter
4 Teelöffel Walnuß- oder Haselnußöl
1 Schuß Zitronensaft oder Weinessig
Salz und frisch gemahlener Pfeffer
4 dünne Scheiben französisches Weißbrot,
getoastet für croûtons *(nach Wahl)*

ZUM GARNIEREN
Blütenblätter von Ringelblumen
oder Chrysanthemen

Den Käse in eine flache Schüssel legen, Olivenöl, Bohnenkraut und die grob zerkleinerten Pfefferkörner hinzugeben und den Käse mehrere Male wenden, damit er mit Olivenöl bedeckt ist. Die Schüssel abdecken und über Nacht an einen kühlen Platz stellen (höchstens 24 Stunden).

Den Endiviensalat waschen und trockenschleudern. Auf 4 Salatschüsseln verteilen und die Raukeblätter dazulegen. Das Walnußöl mit dem Zitronensaft oder dem Weinessig und etwas Salz und Pfeffer mischen und über den Salat gießen.

Den Käse in einer hitzebeständigen Form im Backofen bei sehr starker Hitze 5 Minuten lang schmelzen lassen. Auf jede Salatportion einen Käse legen und alles mit Ringelblumenblättern garnieren. Sofort servieren.

Da der Käse zerläuft, ist es unter Umständen einfacher, ihn vor dem Grillen auf *croûtons* aus französischem Brot zu legen. In diesem Fall können Sie dann den Käse auf dem Brot in die Salatschüssel geben.

FROMAGE FORT
WÜRZIGER KÄSE

Fromage fort ist ein gutgewürzter Ziegenkäse, der durch Branntwein haltbar gemacht wird. In Südfrankreich hat jede Gegend ihre eigene Variante dieser alten Zubereitungsart, und einige Familien geben das Rezept von Generation zu Generation weiter. *Fromage fort* wird normalerweise in einem besonderen Steinkrug eingelegt. Traditionell bleibt immer ein Rest am Boden des Kruges, wenn er nachgefüllt wird. Ein französischer Autor, der über Spezialitäten aus der Ardèche schreibt, behauptet, daß einige Familien seit über fünfzehn Jahren den Boden ihres *fromage-fort*-Kruges nicht mehr gesehen hätten. Wie der Name schon sagt, hat der *fromage fort* einen sehr ausgeprägten Geschmack.

FÜR UNGEFÄHR 225 G

2 reife Ziegenkäse
2 frische Ziegenkäse
1 Knoblauchzehe, geschält und zerdrückt
etwas wilder Thymian (serpolet)
oder Winterbohnenkraut, fein gehackt
eau-de-vie de marc oder Whisky
Olivenöl
Salz und frisch gemahlener Pfeffer

Den reifen Ziegenkäse in ein Gefäß reiben oder bröckeln, mit einer Gabel den frischen Käse daruntermischen und Knoblauch und Kräuter hinzufügen. Nach und nach in gleichen Mengen *eau-de-vie de marc* und Olivenöl dazugeben, bis der Käse eine dicke, cremige Konsistenz hat. Abschmecken und mit Salz und Pfeffer würzen.

Den Käse in ein Steingutgefäß füllen – am besten eines mit Deckel – und glattstreichen. Den Topf fest verschließen und mindestens einen Monat lang an einem kühlen Platz aufbewahren. Servieren Sie den Käse mit heißem, knusprigem Brot oder mit Pellkartoffeln.

SALADE D'ENDIVE FRISÉE AU CABRIODOU GRILLÉ *(S. 107)*

PAIN DE FROMAGE ET AU LIVÈCHE
BROT MIT LIEBSTÖCKEL UND KÄSE

Ein frisch gebackenes, duftendes Brot ist eine ideale Grundlage für ein herrliches Picknick. Mit Weichkäse, Schinken oder dünn geschnittener Pfeffersalami, ein paar Scheiben Tomaten, Gurken oder Gewürzgurken belegt und mit Dill oder Petersilie bestreut, können Sie köstliche belegte Brote anbieten. Dieses Brot ist schnell gebacken, da es keine Hefe enthält.

FÜR EINEN 450-G-LAIB

180 g Mehl
etwas Backpulver
½ Teelöffel doppeltkohlensaures Natron
½ Teelöffel Salz
115 g Vollkornmehl
85 g reifer Cheddar- oder Cantal-Käse, gerieben
2 große Blätter Liebstöckel, in Streifen geschnitten,
oder ½ Teelöffel geriebene Liebstöckelwurzel
½ Teelöffel frischer Thymian, fein gehackt
1 Frühlingszwiebel, fein gehackt
150 ml Buttermilch
2–3 Eßlöffel warmes Wasser
zusätzlich etwas geriebener Käse

Sieben Sie Mehl, Backpulver, Natron und Salz in eine Schüssel, und mischen Sie das Vollkornmehl darunter. Käse, Liebstöckel, Thymian und die Frühlingszwiebel dazugeben, die Buttermilch und das Wasser hinein gießen und alles verrühren.

Den Teig kneten und dann so formen, daß er in eine gut gefettete Kastenform paßt. Noch etwas Käse darüberstreuen und das Brot eine Stunde lang bei mittlerer Hitze backen (190° C, Gas: Stufe 2–3). Vor dem Stürzen das Brot noch 5 Minuten in der Form abkühlen lassen.

Sie können auch einen runden Laib formen und auf ein Backblech legen. Er sollte allerdings die erste halbe Stunde mit einer Kuchenform abgedeckt werden und danach nur noch 10–15 Minuten im Ofen bleiben. Auf diese Art braucht das Brot nur 45 Minuten.

Falls das Brot noch warm ist, sollten Sie es in ein Tuch wickeln, wenn Sie es zu einem Picknick mitnehmen. Zu Hause warten Sie, bis es abgekühlt ist, bevor Sie es aufschneiden.

CAMEMBERT FRIT
AU PERSIL

GEBACKENER CAMEMBERT
MIT PETERSILIE

Lange hatte ich dieses Camembertgericht für eine neuere Erfindung gehalten, bis ich in einem französischen Kochbuch aus dem 19. Jahrhundert ein ähnliches Rezept fand. Es ist eines der wenigen Gerichte, für das man krause Petersilie verwendet, da sie sich besser zum Braten eignet.

FÜR 2–4 PERSONEN

1–2 feste Camemberts von je 225 g Gewicht
1 Eßlöffel Mehl
1 geschlagenes Ei
3–4 Teelöffel Paniermehl
Sonnenblumenöl
1 Bund krause Petersilie

Den Käse vierteln und die Schnittstellen mit Mehl bestäuben. Die Käsestückchen mit Ei und Paniermehl panieren. Wenn Sie wollen, können Sie den Käse in den Kühlschrank legen, bis Sie mit dem Backen anfangen.

Das Öl auf 180° C erhitzen. (Wenn ein Stückchen Brot in einer Minute goldbraun wird, stimmt die Temperatur.) Den Käse im heißen Öl goldbraun ausbacken. Zunächst auf Küchenpapier legen (um das Öl aufzusaugen) und dann warm stellen.

Bevor Sie die Petersilie in das Öl geben, vergewissern Sie sich, daß sie nicht mehr feucht ist. Die Stiele entfernen und immer nur ein paar Blätter etwa 30 Sekunden lang im Fett braten lassen. Die Petersilie sollte knusprig, aber noch grün sein. Mit einem Schaumlöffel aus der Pfanne nehmen und zum Abtropfen auf Küchenpapier legen. Sie wird als Garnierung zum Camembert serviert.

Ich stelle dazu gerne ein würziges Fruchtgelee auf den Tisch, das aus Ebereschenbeeren oder Holzäpfeln gemacht ist.

FROMAGE FAISSELLE
AUX FINES HERBES

FRISCHKÄSE MIT KRÄUTERN

Die Käseherstellung ist in Frankreich eine regionale, oft sogar eine lokale Angelegenheit. Obwohl es auch etliche Großmolkereien gibt, stammen die besten und delikatesten Käsesorten aus kleinen Betrieben oder von Bauern, die Käse aus der Milch ihrer eigenen Kühe herstellen.

In Südfrankreich werden die meisten Käsesorten aus Ziegen- oder Schafsmilch gemacht. Der bekannteste Käseexperte Frankreichs, Pierre Androuet, hält Käse aus der Milch von Tieren, die in den Weinbergen grasen, für den besten.

In den anderen Regionen Frankreichs, besonders aber in der Normandie und im Limousin, liefern Kühe die üppige, sahnige Milch für die Käseherstellung. In einigen Gegenden wird der Käse in Höhlen gelagert, bis er reif ist und seinen kräftigen Geschmack entwickelt hat. Aber in ganz Frankreich hat der Frischkäse, *fromage frais*, der oft nur ein paar Tage – oder gar Stunden – alt ist, seinen festen Platz in der Küche. Mit der richtigen Milch kann man diesen Käse zu Hause auch selber herstellen. Ich mag den Käse besonders, wenn er mit frischen Gartenkräutern angemacht ist, und im Sommer garniere ich ihn mit frischen Kräuterblüten.

IM ZEICHEN DER ZIEGE – *Eine Spielkarte mit dem Tierkreiszeichen Steinbock zeigt an, daß an diesem Stand auf einem Markt in der Dordogne Ziegenkäse verkauft wird; die Käse sind mit einer Schicht aus Kräutern oder Pfeffer umhüllt, in Haselnußblätter gewickelt oder mit Asche bestäubt.*

FÜR UNGEFÄHR 225 G

1 l Frischmilch, nach Möglichkeit unpasteurisiert,
Fettgehalt nach Belieben
1 Teelöffel Lab
Salz
frische Kräuter und deren Blüten: Thymian,
Schnittlauch, Bohnenkraut, Majoran, Zitronenmelisse

Die Milch vorsichtig auf Körpertemperatur (37° C) erwärmen. Von der Flamme nehmen und das Lab unterrühren. Den Topf mit einem Tuch bedecken und an einem warmen Ort stehen lassen, bis die Milch fest geworden ist. Wie lange das dauert, hängt von der Jahreszeit ab: Im Sommer ist der Quark schon nach 30 Minuten fertig, im Winter dauert es länger.

Ein Sieb mit einer doppelten Lage aus sauberem Musselin- oder Baumwolltuch auslegen und den Quark und die Molke hineingießen. Das Tuch an den Ecken zusammenbinden und das Bündel zum Abtropfen über eine Schüssel hängen. Einige Stunden oder über Nacht hängenlassen, bis die Molke – *petit lait* – abgelaufen ist und der Schichtkäse – *cailles* – übrigbleibt.

Mit Salz gewürzt, kann dieser Käse schon verzehrt werden. Wenn ich einen festeren Käse wünsche, gebe ich ihn in einen kleinen Korb oder in einen echten französischen Käsetrockner aus Steingut – *faisselle*. Vorher kann schon ein Teil der gehackten Kräuter untergemischt werden. Über Nacht an einem kühlen Ort stehenlassen, damit noch etwas Molke heraustropfen kann.

Bevor Sie den Käse servieren, bestreuen Sie ihn mit gehackten Kräutern und dekorieren ihn mit Kräuterblüten.

LA GOUGÈRE
AUX PRIMEURS
AU BEURRE VERT

KRÄUTER-GOUGÈRE
MIT JUNGEM GEMÜSE
UND GRÜNER BUTTER

In Burgund ißt man traditionell zu einem Glas Beaujolais ein Käsegebäck aus Brandteig, das *la Gougère* heißt. Manchmal wird die Pastete in kleinen Häufchen gebacken, die, wenn sie aufgegangen sind, Kohlköpfchen ähnlich sehen – daher der Name, der sich von *choux* – Kohl – herleitet. Bei diesem Rezept wird der Teig ringförmig gebacken. Dabei geht er so sehr auf, daß in der Mitte ein Hohlraum entsteht.

Normalerweise wird dieser Hohlraum mit einer Fleisch- oder Käsesoße gefüllt. Ich bevorzuge jedoch junges Gemüse – *primeurs* – mit grüner Butter. Nehmen Sie das Gemüse, das gerade am zartesten ist.

FÜR 4–6 PERSONEN

75 g Mehl
Salz und frisch gemahlener Pfeffer
150 ml kochendes Wasser
55 g Butter
2 Eier
55 g Gruyère, fein gewürfelt
FÜLLUNG
85 g Butter
1 Handvoll Basilikumblätter
1 Teelöffel feingeschnittener Schnittlauch
ungefähr 570 g gemischtes junges Gemüse:
Karotten, Zuckererbsen, Bohnen, weiße Rüben,
Broccoliröschen, Frühlingszwiebeln,
Zucchinis, junger Mais
ZUM GARNIEREN
einige Blätter Basilikum und glatte Petersilie

Das Mehl mit etwas Salz und Pfeffer auf einen Bogen Butterbrotpapier sieben.

150 ml Wasser in einen Topf gießen und die in Stücke geschnittene Butter dazugeben. Wenn die Butter geschmolzen ist, das Wasser zum Kochen bringen, den Topf von der Flamme nehmen und das gesiebte Mehl auf einmal hineingeben. Dann den Teig so lange schlagen, bis er sich vom Topfrand löst.

Den Teig in eine vorgewärmte Schüssel geben und die Eier einzeln hineinschlagen. Zum Schluß noch den Käse unterrühren. Einen Teelöffel Käse sollten Sie übriglassen.

Die Masse kranzförmig auf ein gefettetes Backblech geben. Den restlichen Käse darüberstreuen. Die Pastete wird etwa 35 Minuten lang im heißen Ofen gebacken (200° C, Gas: Stufe 3), bis sie aufgegangen ist und eine goldgelbe Farbe angenommen hat. Es ist besser, in den ersten 20 Minuten den Backofen nicht zu öffnen, damit die Pastete nicht zusammenfällt.

Wenn die *gougère* fertig ist, nehmen Sie sie aus dem Ofen und legen sie auf einen Rost. Mit einem scharfen Messer die Pastete halbieren und den Deckel abheben, damit der Dampf entweichen kann. Auf eine Servierplatte legen und warm halten.

Während der Backzeit die Kräuterbutter herstellen. Die Butter in einem kleinen Topf zum Schmelzen bringen. Die grobgehackten Basilikumblätter und den Schnittlauch dazugeben und die Butter bei niedriger Hitze etwa 5 Minuten lang heiß halten, damit die Kräuter ihr volles Aroma entfalten können. Die Kräuterbutter im Mixer passieren und warm stellen.

Die verschiedenen Gemüse getrennt putzen und schneiden. Jede Sorte für sich auf ein Stück gebutterte Aluminiumfolie geben und locker verschließen. Die Pakete nebeneinander auf einen Dampfeinsatz setzen und im Wasserdampf garen, bis jede Gemüsesorte weich ist.

Das Gemüse in eine vorgewärmte Schüssel geben, die Butter darübergießen und schwenken, bis es gut mit der Butter überzogen ist. Anschließend alles in die Pastete füllen. Die *gougère* mit Basilikum- und Petersilienblättern garnieren und sofort servieren.

LA GOUGÈRE AUX PRIMEURS AU BEURRE VERT

COURONNE DE FROMAGE AUX HERBES

KRÄUTERKÄSERING

Ein Ring aus Frischkäse mit Kräutern ist ein erfrischendes, leichtes Abendessen für den Sommer. Nehmen Sie viele verschiedene Kräuter, damit der Käse besonders aromatisch wird.

FÜR 6–8 PERSONEN

450 g Quark
150 ml Sauerrahm
225 g gekochter Spinat,
gut ausgedrückt und fein geschnitten
115 g geschmolzene Butter
6–8 Teelöffel feingehackte Kräuter,
zum Beispiel Petersilie, Schnittlauch, Estragon oder Dill
eine Scheibe Knoblauch, zerdrückt
55 g Paniermehl
2 Päckchen (je 11 g) Gelatinepulver
4 Teelöffel trockener Weißwein oder Zitronensaft
Salz
frisch geriebene Muskatnuß

ZUM GARNIEREN (WAHLWEISE)

85 g Frischkäse
etwas Milch
einige Zweige glatte Petersilie

Verrühren Sie den Schichtkäse mit Sauerrahm, Spinat, Butter, Kräutern, Knoblauch und Paniermehl.

Das Gelatinepulver in den Weißwein oder den Zitronensaft geben und vorsichtig erhitzen, bis es sich aufgelöst hat. Die Mischung mit dem Käse verrühren und alles mit Salz und Muskat abschmecken.

Eine Ringform mit Frischhaltefolie auslegen und die Käse-Gelatine-Mischung hineingießen. (Es macht nichts, wenn die Folie etwas faltig aussieht.) Die Oberfläche glattstreichen und den Käse bis zum Festwerden kühl stellen.

Den Käse auf eine Platte stürzen. Sofort servieren oder noch dekorieren. Für die Dekoration den Frischkäse mit etwas Milch verrühren, bis er so cremig ist, daß man ihn in kleinen Rosetten auf den Käsering spritzen kann. Zwischen die Rosetten je einen Petersilienzweig legen. Der Käsering sollte Zimmertemperatur haben, wenn er serviert wird. Schneiden Sie ihn in 12–16 Stücke.

Dazu Tomatensalat mit Basilikum und knuspriges französisches Weißbrot reichen.

SOUPE SAVOYARDE
GEMÜSESUPPE MIT MILCH UND KÄSE

Die Savoie ist für ihren Käse berühmt. Aus dieser Gegend stammen unter anderem Reblochon, Saint-Marcellin und Gruyère. Es ist daher nicht erstaunlich, daß es in dieser Region zahlreiche Rezepte gibt, in denen diese Käsesorten verwendet werden, wie zum Beispiel diese Wintergemüsesuppe.

FÜR 5–6 PERSONEN

55 g durchwachsener Speck, gewürfelt,
oder 30 g Butter
1 mittelgroße Zwiebel, fein gehackt
4 Lauchstengel, in Streifen geschnitten
1 Bleichsellerie, gehackt
2 mittelgroße Kartoffeln,
geschält und in Scheiben geschnitten
570 ml Wasser
2 Salbeiblätter
Salz
570 ml Milch
10–12 Scheiben getoastetes französisches Weißbrot
(für croûtons*)*
150 g Gruyère, in dünne Scheiben geschnitten

Entweder den Speck in einem Topf auslassen oder die Butter schmelzen. Zwiebeln, Lauch und Sellerie dazugeben und bei geschlossenem Deckel 15–20 Minuten lang garen lassen.

Die Kartoffeln, Wasser, Salbei und Salz dazugeben. Aufkochen lassen und weitere 15 Minuten bei geschlossenem Topf köcheln lassen. Die Milch in einem anderen Topf erhitzen und dazugießen. Die Suppe abschmecken und warmhalten, bis die *croûtons* fertig sind.

Die *croûtons* mit dem Käse belegen und je zwei Stück in einen Suppenteller geben. Die Suppe darübergießen und sofort servieren.

MALERISCHE HÜGEL – *Salbei- und Lavendelfelder färben die Hänge in der Drôme rosa und violett. Salbei wird für medizinische Zwecke und für Tee angebaut.*

TARTELETTES AU FROMAGE VERT
GRÜNE KÄSETÖRTCHEN

Das Besondere an diesem Gericht ist die Kombination von kalter Kräuterkäsefüllung und warmer Sesampastete. Die Törtchen sind im Sommer eine ideale Zwischenmahlzeit oder ein köstlicher Leckerbissen bei einem abendlichen Menü.

FÜR 12 PERSONEN

55 g Vollkornmehl
55 g Weißmehl
1 Eßlöffel gerösteter Sesamsamen
55 g Butter
3–4 Eßlöffel kaltes Wasser
BELAG
225 g Quark oder Schichtkäse
1 Eßlöffel Petersilie, fein gehackt
1 Teelöffel Estragon, fein gehackt
1 Teelöffel Schnittlauch, fein geschnitten
2 Eßlöffel Crème double
Salz und frisch gemahlener Pfeffer
ZUM GARNIEREN
einige Blätter glatte Petersilie oder Kerbel

Mehl und Sesamsamen vermischen und die Butter dazugeben. Mit dem kalten Wasser zu einem weichen Teig verkneten. Den Teig 15 Minuten kalt stellen, dann auf einem bemehlten Backbrett ausrollen. In 12 Teile teilen und in gefettete Pastetenformen füllen. Der Teig wird bei 200° C (Gas: Stufe 3) 15–18 Minuten lang gebacken, bis die Pasteten golden und knusprig sind.

Inzwischen den Schichtkäse mit Petersilie, Estragon und Schnittlauch in der Küchenmaschine vermischen, bis er hellgrün ist. Die Crème double dazugeben und mit Salz und Pfeffer würzen.

Den grünen Käse auf die heißen Törtchen geben und sofort servieren. Mit einigen Petersilie- oder Kerbelzweigen garnieren.

GEMÜSE
UND
SALATE

*Kräuter lassen sich mit Gemüsen ideal
kombinieren. Sie wachsen zusammen
im Garten und ergänzen einander
hervorragend in der Küche.*

HARICOTS VERS EN ROBE ÉCARLATE *links (S. 131)*
SALADE DE POIVRONS AUX PIGNONS ET AUX BASILIC
rechts (S. 136)

JEDER gute Gärtner weiß, wie günstig es ist, Gemüse und Kräuter im Garten nebeneinander zu setzen. Wenn sie richtig miteinander kombiniert werden, wächst das Gemüse besser, da die Kräuter bestimmte Insekten und Krankheiten abhalten. Knoblauch, der zwischen Karotten wächst, kann den Befall durch Möhrenfliegen verhindern, und Bohnenkraut zwischen Bohnen schützt vor Blattläusen. Als gärtnernde Köchin habe ich festgestellt, daß Pflanzen, die im Garten gut nebeneinander passen, sich auch in der Küche ideal ergänzen.

Ich glaube, daß sogar Nicht-Gärtner Kräuter eher mit Gemüsen kombinieren als mit anderen Nahrungsmitteln. Manchmal ist es auch fraglich, was eigentlich Kräuter und was Gemüse sind. Wenn zum Beispiel ein Stück Fleisch mit ganzen Knoblauchknollen geschmort oder ein Salat aus frischen Frühlingskräutern gemischt wird, dann verschwimmt die Grenze.

Einige Gemüse-Kräuter-Kombinationen sind sehr bekannt und beliebt: Tomaten mit frischem Basilikum oder Bohnen mit Bohnenkraut. Andere »Partnerschaften« sind zwar weniger bekannt, aber nicht minder gut, zum Beispiel Auberginenpüree mit feingehackter Minze oder Zucchini mit Koriander. Alle Kombinationen haben gemeinsam, daß sich die Bestandteile in Geschmack, Form und Farbe einfach und direkt ergänzen.

KRÄUTERÖL

Es gibt noch eine besondere Möglichkeit, Kräuter und Gemüse zu kombinieren: ein Kräuteröl, das zum Kochen oder als Salatsauce verwendet wird. Wenn Sie erst einmal Kräuteröl selbst hergestellt haben, möchten Sie es sicherlich nicht mehr in Ihrer Küche missen.

Bevor Sie jedoch an die Arbeit gehen, sollten Sie sich genau überlegen, welches Öl zu welchen Kräutern paßt.

Der milde Kerbel zum Beispiel harmoniert am besten mit einem ebenso milden Öl, wie etwa Distelöl oder Traubenkernöl. Dementsprechend läßt sich ein kräftiges Kraut wie Basilikum oder Estragon gut mit einem fruchtigen, kaltgepreßten Olivenöl kombinieren.

Weitere Geschmacksvariationen entstehen, wenn Sie zusammen mit den Kräutern ein kleines Stück Zitronen-, Orangen- oder Limonenschale in das Öl geben.

Alles andere ist einfach: Geben Sie 2–3 Zweige eines Krauts in eine Flasche mit Pflanzenöl. Lassen Sie alles 2–4 Tage an einem warmen Platz stehen, und filtern Sie dann das Öl in eine neue Flasche. Das fertige Öl sollte kühl gelagert werden. Die folgenden Mengenangaben gelten jeweils für 500 ml Öl.

BASILIKUM Legen Sie 12 frische Blätter in Olivenöl ein. Dieses Öl paßt zu fast allen Gemüsesorten und Salaten. Besonders geeignet ist es natürlich für Tomaten, aber es paßt auch zu Paprika und Erbsen.

ROSMARIN Legen Sie 2 Rosmarinzweige in Sonnenblumenöl oder Olivenöl ein. Rosmarin kann übrigens im Öl bleiben. Zu Endivien und zu Salaten aus getrockneten Bohnen verwenden.

LORBEER Legen Sie 6 frische oder 3 getrocknete Blätter in Distelöl ein. Die getrockneten Blätter können im Öl bleiben, die frischen sollten herausgenommen werden. Dieses Öl kann für alle grünen Salate verwendet werden.

DILL Legen Sie 4–6 frische Zweige oder 2 reife Blütenstände in Sonnenblumen- oder Traubenkernöl ein. Das Öl paßt ausgezeichnet zu grünen Salaten und zu heißen oder kalten Kartoffeln.

KNOBLAUCH Legen Sie 1–2 geschälte und zerdrückte Knoblauchzehen in Olivenöl ein. Dieses Öl eignet sich für kräftige Salate und zur Zubereitung von vielen Gemüsesorten.

›MARJOLAINE‹ – *Dieser kolorierte Stich einer Majoranblüte stammt aus dem Buch »La Flore Medical«, das 1814 in Paris veröffentlicht wurde.*

CHOU FARCI
KOHL MIT KASTANIEN GEFÜLLT

Jeder Koch in Frankreich hat sein eigenes Rezept für dieses schmackhafte Gericht. Der Kohlkopf kann einfach mit dem gefüllt werden, was gerade vorrätig ist. Man kann ihn zum Beispiel mit einer Mischung aus Hackfleisch und Gewürzen oder mit Reis und Kräutern zubereiten. In der Dordogne und der Ardèche wird der Kohlkopf mit Kastanien gefüllt. Wenn Sie erst einmal Übung haben, können Sie sich selbst delikate Füllungen ausdenken.

FÜR 4 PERSONEN

1 mittelgroßer Kopf Weißkohl
30 g Butter
1 kleine Zwiebel, fein gehackt
1 Knoblauchzehe, gehackt
2 Äpfel, geschält und kleingeschnitten
450 g Eßkastanien, gekocht und geschält
(Seite 33)
1 Teelöffel Thymian, gehackt
½ Teelöffel Marjoran, gehackt
Salz und frisch gemahlener Pfeffer
1 Prise Zimt
Wasser oder Gemüsebrühe
1 Lorbeerblatt
1 Scheibe Weißbrot

Die welken Blätter entfernen, das Strunkende mit den unteren Blattansätzen abschneiden und einen kreuzförmigen Schnitt in den Strunk machen. Den Kohlkopf unter kaltem Wasser waschen und 5–7 Minuten in kochendem Salzwasser blanchieren. Er sollte so weich sein, daß ein Messer leicht in die Mitte eindringen kann. Den Kohl aus dem Wasser nehmen und abkühlen lassen.

Inzwischen die Butter schmelzen lassen und darin die Zwiebeln, den Knoblauch und die Äpfel einige Minuten anbraten, ohne daß sie braun werden. Die Hälfte der Kastanien pürieren, den Rest halbieren oder hacken. Alle Kastanien mit der Zwiebel-Äpfel-Mischung, Thymian und Majoran mischen und mit Salz, Pfeffer und Zimt würzen.

Vorsichtig die äußeren Blätter des Kohls auffalten und das Herz freilegen. Einige der Innenblätter entfernen, um Platz für die Füllung zu schaffen. Dann legen Sie die äußeren Blätter wieder vorsichtig um die Füllung und binden sie mit einem Faden fest.

Den Kohlkopf in eine Kasserolle legen und so viel Wasser oder Gemüsebrühe einfüllen, daß er zur Hälfte in der Flüssigkeit steht. Das Lorbeerblatt und das Weißbrot in die Brühe legen und zum Kochen bringen. Die Kasserolle abdecken und über schwacher Hitze oder im Backofen bei 150° C (Gas: Stufe 1) eine Stunde garen. Dann den Kohl herausnehmen, den Faden entfernen und zum Servieren aufschneiden.

Wird der Kohl als Hauptgericht serviert, kann man eine Kräutersauce oder Kräuterbutter dazu reichen. In Frankreich serviert man die Kochflüssigkeit vor dem *chou farci* als Suppe.

COURGETTES AUX FEUILLES DE LA CORIANDRE

ZUCCHINI MIT FRISCHEM KORIANDER

In der französischen Küche macht sich noch immer der Einfluß nordafrikanischer Länder bemerkbar. Bei diesem Rezept wird Koriander benutzt, ein Gewürz, das im mittleren Osten sehr beliebt ist. Zusammen mit Ingwer und Joghurt verleiht es den milden Zucchini eine eigenwillige, kräftige Note.

FÜR 4 PERSONEN

450 g Zucchini
1 walnußgroßes Stück frische Ingwerwurzel,
geschält und gerieben
Salz
30 g Butter
1 Eßlöffel frische Korianderblätter, grob gehackt
150 ml griechischer Joghurt aus Schafs- oder Ziegenmilch

Die Zucchini in feine Scheiben schneiden und in einen chinesischen Dämpfkorb oder einen Dampfeinsatz legen. Den Ingwer über die Zucchini streuen und das Gemüse garen, bis es weich, aber nicht breiig ist.

Die Zucchini in eine vorgewärmte Schüssel geben, mit Salz würzen und warm halten. Die Butter in einer Pfanne zergehen lassen und die Korianderblätter und den Joghurt dazugeben. 1–2 Minuten unter Rühren erhitzen, aber nicht kochen lassen. Die Sauce über die Zucchini gießen und Servieren.

FRUCHTBARER MITTELPUNKT – *Ein gewöhnlicher Stachelbeerstrauch und beschnittene Buchsbäume verleihen einem kleinen Kräutergarten Struktur.*

GRATIN DE FENOUIL AU CRABE

GEBACKENER FENCHEL MIT KREBSFLEISCH

Florentiner Fenchel ist der dickknollige Verwandte des Krautfenchels. Dieses Rezept habe ich in einem Jahr erfunden, als er besonders gut in meinem Garten in Devon wuchs.

FÜR 4 PERSONEN

2 große Knollen Florentiner Fenchel
Salz
55 g Butter
1 küchenfertiger Krebs
45 g Mehl
275 ml sahnige Milch
1 Lorbeerblatt
55 g Gruyère, gerieben
1 Eßlöffel Oregano, fein gehackt
2 Teelöffel Pernod oder anderer Anisschnaps
Muskatnuß, gerieben
55 g Paniermehl
1 Eßlöffel Fenchelgrün, fein gehackt

Den Fenchel putzen und vierteln und 5–8 Minuten lang in Salzwasser kochen. Herausnehmen und gut abtropfen lassen. 4 Gratinschälchen mit 15 g Butter einfetten und das braune Krebsfleisch darin verteilen.

Den Fenchel drauflegen und das weiße Krebsfleisch darübergeben.

Die restliche Butter in einer Pfanne schmelzen und das Mehl 1–2 Minuten lang einrühren. Dann nach und nach die Milch hineingeben und zusammen mit dem Lorbeerblatt 5–7 Minuten lang köcheln lassen.

Wenn die Sauce eingedickt ist, drei Viertel des Käses, Oregano, Pernod und Muskat hineinrühren und alles mit Salz würzen. Das Lorbeerblatt entfernen und die Sauce über den Fenchel gießen. Den restlichen Käse mit dem Paniermehl und dem Fenchelgrün mischen und den Fenchel damit bestreuen.

Die Förmchen für 10–15 Minuten in den Ofen geben (200° C, Gas: Stufe 3) und backen, bis die Brotbrösel goldfarben und knusprig sind. Mit französischem Weißbrot servieren.

TOMATES EN COCOTTE
AU BASILIC

COCKTAILTOMATEN MIT BASILIKUM

Dieses Rezept habe ich erfunden, damit die Cocktailtomaten aus meinem Garten richtig zur Geltung kommen. Wenn es Ihnen möglich ist, Basilikum und Tomaten frisch aus dem Garten zu holen, ist dieses Gericht besonders schmackhaft.

FÜR 2 PERSONEN

10–12 reife Cocktailtomaten
etwas Butter
Salz und frisch gemahlener Pfeffer
einige Blätter frisches Basilikum
3–4 Eßlöffel Crème double

Die Hälfte der Tomaten überbrühen, jede Tomate mit einem spitzen Messer anstechen, aus dem Wasser nehmen und abziehen. Die andere Hälfte ebenso schälen.

Fetten Sie zwei Cocottes oder andere feuerfeste Formen mit Butter aus, und legen Sie die Tomaten mit der Stielseite nach oben hinein. Nach Geschmack mit Salz und Pfeffer würzen und das Basilikum darüberstreuen. Zum Schluß die Crème double über die Tomaten geben.

Die Formen auf ein Backblech stellen und 10–15 Minuten lang bei 200° C (Gas: Stufe 3) im Ofen garen, bis die Tomaten weich sind. Sofort mit französischem Weißbrot servieren.

TOMATES FARCIES
AUX HERBES

TOMATEN MIT KRÄUTERFÜLLUNG

Im ganzen Mittelmeerraum ist es Tradition, Gemüse zu füllen. Das beschreibt Claudia Roden in *Middle Eastern Food*. In den Kochbüchern der Provence gibt es fast zu jedem Gemüse eine gefüllte Version. Manchmal wird ein Gemüse einfach mit einem anderen gefüllt, oder es werden Kräuter, Fisch oder Hackfleisch verwendet. Besonders gut erinnere ich mich an ein Rezept, das »Seebarbe in der Wiege« heißt und bei dem der Fisch in eine ausgehöhlte Aubergine gelegt wird.

Feste, reife Tomaten sind etwas leichter zu füllen. In diesem Rezept ist der Inhalt eine Mischung aus feingehackten Kräutern, Camembert und Weißwein. Die gefüllten Tomaten eignen sich ganz hervorragend für ein Picknick, wenn sie zusammen mit kaltem Huhn oder Schinken und einem kräftigen Roggenbrot – *pain de seigle* – serviert werden.

FÜR 6 PERSONEN

6 mittelgroße Tomaten,
bei kleineren etwas mehr
2 Eßlöffel Olivenöl
Salz und frisch gemahlener Pfeffer
1 kleiner Camembert, 225–260 g
etwas trockener Weißwein
3 Eßlöffel frische Kräuter,
darunter Basilikum und Kerbel, gehackt
½ Teelöffel Koriandersamen, zerstoßen
Paniermehl (nach Wahl)
einige Zweige Petersilie oder Kerbel

Drei Tomaten mit kochendem Wasser überbrühen, die Haut mit einem spitzen Messer anstechen, dann herausnehmen und abziehen. Mit dem Rest der Tomaten entsprechend verfahren.

Die Tomaten mit der etwas flacheren Stielseite nach unten legen und oben einen Deckel herausschneiden. Mit einem Teelöffel aushöhlen. Die Kerne entfernen, das Fleisch hacken und in eine Schüssel geben. Den Saft können Sie trinken oder für eine Suppe aufheben. In jede Tomate etwas Olivenöl gießen und nach Geschmack mit Pfeffer und Salz würzen. Die Tomaten umgekehrt auf einen Teller legen, damit das Öl ablaufen kann.

Die Kruste des Camemberts abschaben und das Innere in der Schüssel mit dem Tomatenfleisch zusammen mit den Kräutern, dem Koriander und etwas Weißwein zerdrücken. Alles gut miteinander verrühren und mit Salz und Pfeffer abschmecken. Wenn die Füllung nicht fest genug ist, noch etwas Paniermehl dazugeben.

Die Füllung in die Tomaten geben, den Deckel auflegen und mit Petersilie oder Kerbel garnieren. Bevor Sie die Tomaten servieren, verteilen Sie das aufgefangene Olivenöl darüber. Für ein Picknick legt man die Tomaten am besten in einen gut verschließbaren Plastikbehälter.

LE POTIRON TOUT ROND À LA MODE DE JULIA CHILD
JULIA CHILDS GEFÜLLTER KÜRBIS

Die gelben und orangefarbenen Kürbisberge, die in der Dordogne im Herbst den Straßenrand säumen, sind ein herrlicher Anblick. Später werden die Kürbisse im Dorf in kühlen Kellern gelagert. Ich habe die Erfahrung gemacht, daß sich dieses Gemüse zwar außerordentlich gut bis in den Frühling hinein aufbewahren läßt, daß es aber im Herbst am besten schmeckt. Man sollte dieses Gericht an einem nebligen Herbstabend zubereiten, wenn die Blätter fallen und die Luft nach Holzfeuer riecht.

Dieses Rezept ist eine leicht veränderte Variante des herrlichen gebackenen Kürbisses von Julia Child und Simone Beck aus *Mastering the Art of French Cooking*.

85 g frische Weißbrotbrösel
1 Kürbis von 1,8 kg mit etwa 20 cm Durchmesser
85 g Butter
2 mittelgroße Zwiebeln,
fein geschnitten oder gehackt
½ Teelöffel Salz
eine Prise frisch gemahlener Pfeffer
eine Prise Muskatnuß
1 Teelöffel frischer Salbei, gehackt,
oder ½ Teelöffel getrockneter Salbei, zerrieben
55 g Gruyère, fein gewürfelt oder grob gerieben
450–600 ml Sahne
1 Lorbeerblatt

Die Weißbrotbrösel auf einem Backblech 15 Minuten lang bei niedrigster Hitze (150° C, Gas: Stufe 1) trocknen.

Inzwischen den Kürbis waschen und abtropfen lassen. Einen Deckel herausschneiden und die Kerne und das holzige Fleisch entfernen. Den Kürbis in eine ausgebutterte feuerfeste Form legen.

Die Butter in einer Pfanne schmelzen und darin 8–10 Minuten die Zwiebeln anbraten, bis sie glasig sind. Die Brotbrösel dazugeben und 2 Minuten anschwitzen lassen, dann mit Salz, Pfeffer, Muskat und Salbei würzen. Die Pfanne von der Platte nehmen und den Käse hineinrühren. Die Mischung in den Kürbis füllen und so viel Sahne hinzufügen, daß er bis 1 cm unter den Rand gefüllt ist. Zum Schluß das Lorbeerblatt darauflegen und den Kürbis zudecken.

1½ Stunden im heißen Ofen bei 200° C (Gas: Stufe 3) backen, bis die Außenseite des Kürbisses weich wird. Dann die Hitze auf 180° C reduzieren und eine weitere halbe Stunde backen. Das Fleisch sollte jetzt zart sein. Wenn der Kürbis braun werden sollte, decken Sie ihn leicht mit Alufolie ab.

Den Deckel entfernen und die Füllung mit dem Kürbis auf Teller geben und servieren.

WEIN UND DUFT – *Das leuchtende Grün der Weinstöcke (nächste Seite), durch das sich bereits die langen Schatten eines heißen Provence-Nachmittags ziehen, kommt neben den leuchtenden Lavendelfeldern besonders gut zur Wirkung.*

JALOUSIE D'ÉTÉ

SOMMERGEMÜSE »JALOUSIE«

Jalousie nennen die Franzosen die hölzernen Fensterläden mit Lamellen, die man an vielen Häusern in Südfrankreich findet. Es gibt auch eine süße Pastete, die so heißt, weil sie entsprechend eingeschnitten wird. Ich habe diese Idee für eine Pastete übernommen, die mit Gemüse und Kräutern gefüllt wird und die sich hervorragend für ein Picknick eignet.

FÜR 4–6 PERSONEN

FÜLLUNG
3 Eßlöffel Olivenöl
1 kleine Zwiebel, gehackt
1 Knoblauchzehe, gehackt
1 große Tomate, gewürfelt
½ rote Paprika, entkernt und gewürfelt
½ grüne Paprika, entkernt und gewürfelt
1 kleine Zucchini, in Scheiben geschnitten
1 junge Karotte, geschnitten und blanchiert
ein paar Blumenkohlröschen, blanchiert
1 Bleichsellerie, gewürfelt und blanchiert
1 Eßlöffel Petersilie, gehackt
einige Zweige Fenchel oder Liebstöckel, gehackt
Salz und frisch gemahlener Pfeffer

TEIG
340 g Weizenmehl
55 g Buchweizen- oder Roggenmehl
1½ Teelöffel Salz
1 Eßlöffel Olivenöl
15 g Trockenhefe
300 ml warmes Wasser
Mohn- oder Kümmelsamen

Für die Füllung 2 Eßlöffel Öl in einer Pfanne erhitzen und Zwiebeln und Knoblauch garen, bis sie weich und glasig sind. Dann Tomaten, Paprika und Zucchini in die Pfanne geben und 5 Minuten lang anbraten. Gelegentlich umrühren. Nun die restlichen Gemüse zufügen und weitere 4 Minuten garen. Anschließend das Gemüse von der Flamme nehmen, die Kräuter zugeben und würzen. Stellen Sie die Pfanne zur Seite, und lassen Sie das Gemüse abkühlen.

Das gesamte Mehl mit Salz und Hefe vermischen. 1 Eßlöffel Olivenöl dazugeben und mit dem Wasser zu einem glatten Teig verarbeiten. Den Teig auf eine mit Mehl bestreute Arbeitsfläche geben und 10 Minuten kneten.

Den Teig zu einem 30 × 23 cm großen Rechteck ausrollen. So auf die Arbeitsfläche legen, daß sich die kurzen Seiten oben und unten befinden. Den rechten langen Rand über den restlichen Teig falten, so daß er mit der linken Seite abschließt. Am Rand der gefalteten Hälfte in 2,5 cm Abstand 2,5 cm breite, waagerechte Einschnitte machen, als ob Sie Manschetten schneiden würden.

Den Teig wieder auseinanderfalten und die Füllung auf der Häfte verteilen, die nicht eingeschnitten wurde. Dann die andere Hälfte über die Füllung schlagen und die Verbindungsstellen zusammendrücken. Wasser auf die Oberfläche der Pastete pinseln und mit Mohn oder Kümmel bestreuen.

Den Laib auf ein großes geöltes Backblech legen und 45 Minuten an einem warmen Ort gehen lassen. Anschließend die Pastete im heißen Ofen (220° C, Gas: Stufe 4) 20–25 Minuten lang backen, bis sie goldbraun ist und der untere Teil hohl klingt, wenn man dagegenklopft. Zum Abkühlen die Pastete auf einen Rost legen und mit dem restlichen Olivenöl bestreichen. Sie kann kalt und warm serviert werden.

MOUSSE DE PERSIL À LA CRÈME DE CIBOULETTES

PETERSILIEN-MOUSSE MIT SCHNITTLAUCHCREME

Glatte Petersilie, die ein feineres Aroma hat als die krause Sorte, eignet sich für diese delikate Mousse, die mit einer heißen Schnittlauch-Rahmsauce serviert wird, besonders gut.

1 großer Bund frische glatte Petersilie
6 Eßlöffel sahnige Milch
1 Zwiebelscheibe
115 g Frischkäse
2 große Eier
½ Teelöffel Schnittlauch, fein geschnitten
Salz
etwas Butter
SCHNITTLAUCHCREME
150 ml Crème double
2 Eßlöffel Schnittlauch, fein geschnitten
Saft und die feingeriebene Schale von ½ Zitrone
ZUM GARNIEREN
4 glatte Petersilienblätter

Von den Petersilienblättern 30 g nehmen und fein hacken, dann beiseite stellen. Die übrige Petersilie wird mit den Stielen grob zerkleinert und zusammen mit der Milch und der Zwiebel 3 Minuten lang gekocht. Dann wird die Milch durch ein Sieb auf die gehackten Petersilienblätter gegeben und kalt gestellt.

Wenn die Milch abgekühlt ist, wird sie mit dem Frischkäse, den Eiern und dem Schnittlauch verschlagen und leicht gesalzen. Diese Mischung auf 4 gebutterte hitzebeständige Formen verteilen – die Schüsselchen sollten etwa zu zwei Dritteln gefüllt sein.

Bei 180° C (Gas: Stufe 2) werden die Formen im Wasserbad *(bain-marie)* für 20–25 Minuten in den Ofen gegeben, bis die Mousse fest geworden ist. Die Formen aus dem Ofen nehmen und 3–4 Minuten lang abkühlen lassen, bevor Sie die Mousse stürzen.

Inzwischen die Crème double zusammen mit dem Schnittlauch steif schlagen. Den Zitronensaft und ¼ Teelöffel der feingeriebenen Schale dazugeben. Die Crème double vorsichtig erwärmen, bis sie wieder flüssig ist. Im Wasserbad warm halten.

Die Mousse mit Hilfe eines Messers aus den Formen lösen und auf Teller oder Untertassen stürzen. Etwas Schnittlauchcreme über jede Mousse geben und mit Petersilienblättern garnieren. Sofort servieren.

POMMES DE TERRE PERSILLÉES

PETERSILIENKARTOFFELN

Ich freue mich immer, wenn ich ein neues Rezept für Kartoffeln entdecke. In einem Sommer verriet mir Madam Marquet, meine Freundin und Nachbarin in der Ardèche, dieses Rezept, bei dem die Kartoffeln schichtweise mit Petersilie und Lorbeerblättern angerichtet werden.

450 g Kartoffeln, geschält
55 g Butter
2 frische Lorbeerblätter
3 Eßlöffel Petersilie, gehackt
Salz und frisch gemahlener Pfeffer
150 ml Sahne oder Milch

Kartoffeln in dünne Scheiben schneiden. Eine Auflaufform fetten und ein Lorbeerblatt hineinlegen. Mit einer Schicht Kartoffeln bedecken und mit Petersilie bestreuen, salzen und pfeffern. Die Auflaufform schichtweise mit Kartoffeln füllen, die Petersilie und die Gewürze darüberstreuen. Zum Schluß kommt eine Schicht mit Kartoffeln und das zweite Lorbeerblatt. Geben Sie etwas Butter darauf, und gießen Sie die Sahne oder die Milch darüber.

Das Gericht bei 190° C (Gas: Stufe 2–3) 50–60 Minuten lang backen, bis die Kartoffeln gar sind.

ARTICHAUTS
À LA BARIGOULE

ARTISCHOCKEN MIT SPECK
UND SAUERAMPFER

Es gibt viele Variationen dieses Gerichts, das eine der ältesten provenzalischen Zubereitungsarten für die köstliche Artischocke ist. Dieses Rezept fand ich in einem alten Kochbuch aus der Provence, es ist etwas anders als das Rezept, das man in dem klassischen Buch *Les Plats Régionaux de France* von Austin de Croze findet. Am besten eignen sich die kleinen purpurfarbenen Artischocken, die von den Seitentrieben der Pflanze geerntet werden, wenn sie erst einen Durchmesser von 4 cm haben. Bei dieser Größe hat sich die haarige Hülle noch nicht gebildet, so daß man die ganze Artischocke essen kann.

FÜR 5–6 PERSONEN

10–12 kleine Artischocken
4 Eßlöffel Olivenöl
1 mittelgroße Zwiebel, fein gehackt
30 g roher, durchwachsener Speck, gewürfelt
150 ml Wasser
gut 3 Handvoll Sauerampferblätter
Salz und frisch gemahlener Pfeffer
300 ml trockener Weißwein
6 neue Kartoffeln, gewürfelt

Die Artischocken säubern und alle unansehnlichen Stellen an Stiel und Blättern entfernen. Kalt waschen und gut abtropfen lassen. Ich lasse die Artischocken normalerweise ganz, Sie können sie aber auch vierteln.

Das Öl in einer Pfanne erhitzen und die Zwiebeln anbraten, bis sie golden, aber noch glasig sind. Geben Sie den Speck dazu, und braten Sie ihn, bis das Fett austritt. Das Wasser dazugießen und die Hälfte des Sauerampfers hineingeben. Legen Sie die Artischocken darauf, und würzen Sie alles mit Salz und Pfeffer. Mit dem restlichen Sauerampfer bedecken und den Wein hineingießen. Abdecken und bei schwacher Hitze 30 Minuten lang köcheln lassen.

Die Kartoffeln dazugeben und das Gericht weitere 30 Minuten lang kochen lassen. Falls nötig, etwas Wasser hinzufügen. Das Gericht ist fertig, wenn sich der Sauerampfer mit der übrigen Flüssigkeit zu einer glatten Sauce verbunden hat.

POIS MANGETOUT
À LA FRANÇAISE

ZUCKERERBSEN MIT KOPFSALAT
UND SCHNITTLAUCH

Der delikate Geschmack der zarten Zuckererbsen kommt besonders gut zur Geltung, wenn man sie auf französische Art mit Butter, Kopfsalat und Schnittlauch zubereitet.

FÜR 3–4 PERSONEN

225 g Zuckererbsen
45 g Butter
1 Prise Zucker
Salz
½ Kopfsalat, zerpflückt
1 Eßlöffel Schnittlauch, fein geschnitten
2 Frühlingszwiebeln, fein gehackt
ZUM GARNIEREN
1 Handvoll Minzeblätter

Die Zuckererbsen säubern und die Stiele entfernen. Die Butter bis auf ein großes Stück in einer Pfanne schmelzen und die Erbsen hineingeben. Mit Zucker und Salz würzen und bei mittlerer Hitze mit geschlossenem Deckel 5 Minuten lang köcheln lassen.

Salat, Schnittlauch und Zwiebeln hineingeben und das Gemüse vorsichtig schwenken, bis der Salat zusammenfällt.

Den Rest Butter darübergeben; wenn sie geschmolzen ist, das Gemüse mit den Minzeblättern garnieren und sofort servieren.

POIS MANGETOUT À LA FRANÇAISE *oben,*
LA CRIQUE *unten (S. 130)*

128

LA CRIQUE

La crique ist ein klassisches Kartoffelgericht aus der Ardèche. Es handelt sich um eine Variante des einfachen Kartoffelpuffers, wie man ihn in ganz Europa findet. Normalerweise serviert man die Puffer mit gebratenem oder gegrilltem Fleisch, aber in schlechten Zeiten gibt es sie auch als Hauptgericht. Es gibt verschiedene Rezepte; einige sind so einfach, daß nicht einmal Knoblauch oder Kräuter verwendet werden; andere schreiben Eier und Crème fraîche vor. Das folgende Rezept mit Knoblauch und Petersilie ist wohl das populärste.

FÜR 3–4 PERSONEN

450 g Kartoffeln
1 Knoblauchzehe, zerdrückt
1 Eßlöffel Petersilie,
fein gehackt
Salz
Öl zum Braten

Die Kartoffeln schälen und in eine Schüssel raspeln. Knoblauch, Petersilie und Salz zugeben und gut unterrühren.

130

Etwas Öl in einer Pfanne erhitzen, bis es sehr heiß ist. Den Kartoffelteig eßlöffelweise in die Pfanne geben, immer drei bis vier flache Häufchen nebeneinander. Auf beiden Seiten goldbraun ausbacken. Die fertigen Puffer zum Abtropfen kurz auf Küchenpapier legen und sofort servieren. Wenn Sie wollen, können Sie auch den ganzen Teig in die Pfanne geben und einen großen Kartoffelpuffer herstellen, der einmal gewendet wird. Vor dem Servieren in Stücke schneiden.

HARLEKIN-KRÄUTER – *Die leuchtend bunten Stoffsäckchen, die mit den verschiedensten Farben bedruckt sind, enthalten getrockneten Lavendel.*

HARICOTS VERTS EN ROBE ÉCARLATE
GRÜNE BOHNEN IM ROTEN MANTEL

Gegen Ende der Bohnensaison suche ich meist nach neuen Zubereitungsarten. Bei diesem Rezept, das aus der Provence stammt, werden sie in einer dicken Tomaten-Kräuter-Sauce gekocht. Das Gericht schmeckt auch heiß sehr gut, ich serviere es aber lieber kalt als Salat zu einer Hauptmahlzeit oder als Teil einer Vorspeise.

FÜR 4 PERSONEN

450 g dünne grüne Bohnen
2–3 Eßlöffel Olivenöl
1 mittelgroße Zwiebel,
fein gehackt
1 Knoblauchzehe, fein gehackt
450 g reife Tomaten,
geschält und kleingeschnitten
etwas Rotwein
etwas Zucker
einige Zweige Petersilie
1 Zweig Thymian
1 Zweig Basilikum
1 Lorbeerblatt
Salz und frisch gemahlener Pfeffer
1 Eßlöffel Basilikum oder Petersilie, gehackt

Entfernen Sie die Enden und Fäden der Bohnen. Die grünen Bohnen kleinschneiden oder ganz lassen. 8–10 Minuten lang in Salzwasser kochen. Abtropfen lassen, in kaltem Wasser abschrecken und noch einmal abtropfen lassen.

Das Öl in einer Pfanne erhitzen und die Zwiebeln goldgelb anbraten. Knoblauch, Tomaten, Wein, Zucker, die Kräuterzweige, das Lorbeerblatt, Salz und Pfeffer zugeben. Aufkochen lassen und dann bei schwacher Hitze mit geschlossenem Deckel 15 Minuten lang garen. Die Bohnen dazugeben und alles bei schwacher Hitze 20–30 Minuten lang weiterkochen lassen, bis die Sauce eingedickt ist.

Die Bohnen in eine Schüssel geben und die Kräuterzweige entfernen. Das Gericht mit Petersilic oder Basilikum bestreuen und sofort servieren oder abkühlen lassen und dann mit den frischgehackten Kräutern auf den Tisch stellen.

131

CAROTTES À L'ANIS
KAROTTEN MIT FRISCHEM ANIS

In Frankreich serviert man heiße Karotten normalerweise mit Kräuterbutter – meist mit Petersilien- oder Schnittlauchbutter. In diesem Rezept aber wird der süßliche Geschmack eines Karottenpürees mit Butter durch das ungewohnte Aroma von frischem Anis ergänzt. Sollten Sie keinen frischen Anis bekommen, nehmen Sie einfach etwas getrockneten Anissamen und einen Schuß Pastis.

EMPFEHLUNGEN FÜR DIE VERWENDUNG – *Kleine Körbchen, die mit farbigen Stoffen aus der Provence ausgelegt sind, enthalten getrocknete Kräuter – Estragon, Basilikum, Majoran und Oregano im Hintergrund; Salbei, wilder Thymian, Bohnenkraut, Rosmarin und Thymian im Vordergrund. Auf einigen Etiketten stehen nicht nur die Preise, sondern auch die Verwendungsmöglichkeiten.*

FÜR 4 PERSONEN

*450 g Karotten, geschabt oder geschält
1 Teelöffel Zucker
Salz
115 g Butter
2 Teelöffel Anisblätter, fein gehackt, oder ¼ Teelöffel getrockneter Anis, zu Pulver gestoßen, und ein Schuß Pernod oder ähnlicher Anisschnaps*

Die Karotten grob schneiden und in einen Topf geben. Mit Zucker und Salz würzen und mit kaltem Wasser bedecken. Aufkochen lassen und dann 10–20 Minuten lang weich kochen.

Die Karotten abtropfen lassen und pürieren. Das Karottenpüree in den Topf zurückgeben, Butter, Anis und Pernod (wenn nötig) zufügen und bei schwacher Hitze unter ständigem Rühren dünsten, bis die Butter geschmolzen und das restliche Wasser verdampft ist. Füllen Sie das heiße Püree in eine vorgewärmte Schüssel.

132

FÈVES
À LA CRÈME DE SARRIETTE

DICKE BOHNEN IN SAHNESAUCE
MIT SOMMERBOHNENKRAUT

Sommerbohnenkraut, *sarriette*, ist in Frankreich ein traditionelles Gewürz für dicke Bohnen. Da es einen scharfen und leicht bitteren Geschmack hat, sollten Sie zunächst etwas vorsichtig damit umgehen.

FÜR 3–4 PERSONEN

340 g junge dicke Bohnen, geschält
einige Zweige frisches Sommerbohnenkraut
30 g Butter
150 ml Crème fraîche oder Sauerrahm
1 Eigelb
Salz und frisch gemahlener Pfeffer

Die dicken Bohnen mit der Hälfte des Bohnenkrauts in Salzwasser weichkochen. Dann abtropfen lassen und das Bohnenkraut entfernen.

Die Butter in einer Pfanne schmelzen, die Bohnen und das restliche, feingehackte Bohnenkraut hineingeben. Die Crème fraîche mit dem Eigelb verrühren und die Mischung in die Pfanne geben. Bei milder Hitze unter ständigem Rühren ein paar Minuten erhitzen, bis die Sahne eindickt. Achten Sie darauf, daß die Sauce nicht aufkocht, sonst gerinnt sie. Nach Geschmack würzen, die Bohnen in eine vorgewärmte Schüssel füllen und sofort servieren.

SALADE
DE PÊCHES AU POURPIER

SALAT MIT PFIRSICH UND PORTULAK

Portulak ist ein Küchenkraut, das völlig zu Unrecht in Vergessenheit geraten ist. Noch im vorigen Jahrhundert war es in den Gärten und Küchen Frankreichs sehr beliebt, und man findet in den Kochbüchern des neunzehnten Jahrhunderts viele Rezepte mit Portulak. Oft wurde er wie Spinat gekocht oder als Gratin zubereitet. In Südfrankreich gab es damals soviel wilden Portulak, daß man Suppen daraus kochte. Fast immer wurden gemischte Blattsalate mit Portulak gewürzt.

Als ich des erste Mal Portulak angepflanzt hatte, war ich von dieser angenehm nach Haselnuß schmeckenden Pflanze so angetan, daß ich sie in den verschiedensten Sommersalaten verwendete. Die Kombination von Portulak mit reifen Pfirsichen oder Nektarinen, garniert mit gerösteten Haselnußblättchen, ist besonders delikat.

FÜR 1 PERSON

Haselnußöl
1 reifer Pfirsich oder 1 Nektarine
1 Handvoll frisch gepflückte Portulakblätter
3–4 Haselnüsse, geschnitten und geröstet
frisch gemahlene Koriandersamen

Einen flachen Salatteller mit Haselnußöl ausstreichen. Den Pfirsich schälen; wenn Sie eine Nektarine verwenden, ist dies nicht nötig. Die Frucht in Scheiben schneiden und zweireihig in Halbkreisform auf den Teller legen.

Ordnen Sie nun die Portulakblätter in Bögen an, so daß ein Kreis entsteht. Mit den kleinsten Blättern den Zwischenraum zwischen den einzelnen Fruchtstücken dekorieren. Etwas Öl über den Salat träufeln und geröstete Haselnüsse darüberstreuen. Vorsichtig mit frisch gemahlenem Koriander würzen.

SALADE DE PÊCHES AU POURPIER *nächste Seite links,*
SALADE CHAMPÊTRE *nächste Seite rechts (S. 136)*

SALADE CHAMPÊTRE

BAUERNSALAT

Normalerweise werden die Blätter und Blüten für diesen schmackhaften Salat bei einem Picknick oder einer Wanderung gesammelt. Daher gibt es auch kein festes Rezept für diesen Salat. Es werden einfach verschiedene Blätter von Pflanzen und Kräutern aus Feld und Garten zusammengestellt. Dieser Salat hat einen intensiven Geschmack und ein Aroma, die Sie nicht vergessen werden.

FÜR 1 PERSON

gut 1 Handvoll kleiner Zweige, Blätter und Blüten
folgender Pflanzen:
Feldsalat (mâche), Eichblattsalat (feuilles de chêne), zarter
Friséesalat, Rauke (roquette), salatblättriges Basilikum,
Opal-Basilikum, Kerbel, glatte Petersilie, Fenchelkraut,
Mutterkraut, Borretschblüten, Scharlachkraut, wilde
Stiefmütterchen, Ringelblume, Malvenblüten, Minze,
Portulak, Zitronenmelisse, Thymianblüten, Oregano,
Majoran, Kümmelkraut, Ysop, Estragon, Liebstöckel,
Brunnenkresse, Sommerbohnenkraut, Eisenkraut,
Myrrhenkerbel
ein leichtes Nußöl – Haselnuß oder Mandel
Holunderblütenessig (S. 48)

Wählen Sie für jede Person eine hübsche Salatplatte aus – an einem heißen Tag ist es gut, wenn Sie die Platte etwas kühlen. Breiten Sie die Blätter, Kräuter und Blüten aus. Dabei sollten die Teller nicht zu voll gehäuft werden, damit die einzelnen Blätter und Blüten gut zur Geltung kommen. Servieren Sie den Salat sofort, und reichen Sie ein leichtes Nußöl und Holunderblütenessig dazu, beides wird direkt vor dem Essen über den Salat geträufelt.

SALADE DE POIVRONS AUX PIGNONS ET AU BASILIC

PAPRIKASALAT MIT PINIENKERNEN UND BASILIKUM

In Frankreich wird dieser herrliche Salat gewöhnlich nur aus rotem Paprika gemacht. Ich mische jedoch gelben und roten, so daß der Salat leuchtend bunt wird und an ein Gemälde van Goghs erinnert. Heute gibt es überall eine reiche Auswahl an grünem, rotem, gelbem, orangefarbenem und sogar purpurfarbenem Paprika; ich wähle aber immer nur ein, zwei Sorten aus. Grundsätzlich schmecken die hellen, leuchtenden Sorten süßer als die dunklen.

FÜR 4 PERSONEN

450 g roter und gelber Paprika
2–3 Eßlöffel Basilikumöl (S. 118)
2 Eßlöffel Pinienkerne
1–2 Eßlöffel Zitronensaft
2 Teelöffel frisches Basilikum, fein gehackt
Salz

Die Paprika waschen und trocknen, dann in eine feuerfeste Form geben und in den Backofen stellen. Immer wieder wenden, bis die Haut rundherum schwarz ist und Blasen wirft.

Die Paprika aus dem Ofen nehmen und mit einer Schüssel bedecken, die fest abschließt. Eine kleine Menge kann auch in eine Plastik- oder Papiertüte gefüllt werden, die fest verschlossen wird. Abkühlen lassen.

Die Schoten schälen und in Streifen schneiden. Achten Sie darauf, daß alle Samen und Fasern entfernt werden. Die Paprika auf einer Salatplatte oder in einer Schüssel anordnen.

Das Öl in einer Pfanne erhitzen und die Pinienkerne hineingeben. Die Kerne unter ständigem Rühren leicht anbräunen. Den Zitronensaft dazugeben. Das Dressing über die Paprika gießen und mit etwas Salz würzen. Mit frischem Basilikum garnieren und lauwarm oder kalt servieren.

SALADE DE PISSENLITS AUX LARDONS

LÖWENZAHNSALAT MIT SPECK

Löwenzahnblätter, die unter einem Blumentopf gebleicht wurden, damit sie nicht zu bitter schmecken, erinnern im Geschmack an Endiviensalat. Dieser ausgezeichnete Salat kann daher ebenso mit Endivienblättern statt mit Löwenzahn zubereitet werden. *Lard fumé* ist ein gepökelter und geräucherter Bauchspeck mit delikatem Aroma. Wenn Sie ihn nicht bekommen sollten, verwenden Sie einen anderen geräucherten, durchwachsenen Speck für dieses Rezept.

FÜR 4 PERSONEN

225 g gebleichte Löwenzahnblätter oder Endiviensalat
1–2 Knoblauchzehen, nach Geschmack
½ Teelöffel Dijon-Senf
1 Eßlöffel Weinessig
Salz und frisch gemahlener Pfeffer
2 Eßlöffel Olivenöl
2 Eßlöffel Sonnenblumenöl
½ ficelle oder ¼ Baguette, dünn geschnitten
150 g lard fumé oder geräucherter, durchwachsener Speck,
in Streifen geschnitten

Löwenzahn oder Endivien in viel kaltem Wasser waschen und in einem Salatsieb gut abtropfen lassen.

Den Knoblauch am besten direkt in der Salatschüssel zerdrücken (ich verwende für diesen Salat eine Holzschüssel) und mit dem Senf und der Hälfte des Weinessigs vermischen. Mit Salz und Pfeffer würzen und nach und nach das Olivenöl unterrühren. Die Löwenzahnblätter im Dressing gut wenden, bis sie damit überzogen sind.

Sonnenblumenöl und den Rest des Olivenöls erhitzen und die Weißbrotscheiben goldbraun ausbacken – als *croûtons*. Knoblauchliebhaber reiben die heißen *croûtons* mit einer Zehe ein, bevor sie zum Salat gegeben werden.

Nun wird noch der *lard fumé* oder Speck angebraten, damit der Salat mit knusprigen Speckstreifen garniert werden kann. Den restlichen Weinessig in die Pfanne geben und mit dem zerlaufenen Fett des Specks verrühren. Essig und Fett über den Salat geben und sofort servieren.

SALADE DE MESCLUN À L'HUILE DE NOISETTE

MESCLUN MIT HASELNUSSÖL

Mesclun wird in der Provence eine Mischung verschiedener kleiner Salatblätter genannt. Gewöhnlich werden folgende Sorten verwendet: Friséesalat, roter Radicchio, *scarole*, Feldsalat *(mâche)*, Eichblattsalat *(feuilles de chêne)*, kleine Blätter des Römersalats *(laitue romaine)* und einige Kräuter wie Kerbel, glatte Petersilie und Rauke *(roquette)*.

In den letzten Jahren sind solche Mischsalate in Nordeuropa immer beliebter geworden, da es heute üblich ist, die verschiedensten Sorten in den Gärten anzubauen. Dadurch ist es möglich, von den verschiedenen Salaten ein paar Blätter abzuschneiden und die Pflanze weiterwachsen zu lassen.

Haselnußöl, *huile de noisette*, hat einen besonders zarten Geschmack. Es lohnt sich also, danach Ausschau zu halten. Sollten Sie es allerdings nirgends bekommen, können Sie auch Olivenöl verwenden.

FÜR 4 PERSONEN

200 g mesclun oder gemischte kleine Salatblätter
1 Scheibchen Knoblauch, zerdrückt
⅛ Teelöffel Dijon-Senf
3–4 Eßlöffel Haselnußöl
2–3 Teelöffel Weißweinessig, am besten d'Orleans
Salz und frisch gemahlener Pfeffer Mignonette (S. 96)

Die Salatblätter vorsichtig waschen und in einem Salatsieb gut abtropfen lassen.

In einer Salatschüssel Knoblauch und Senf mischen und Essig und Öl unterrühren. Mit Salz und frisch gemahlenem Pfeffer Mignonette würzen.

Die Salatblätter in die Schüssel geben und im Dressing wenden, bis alles gut verteilt ist. Servieren Sie den Salat sofort.

Les Desserts Les Patisseries et Les Conserves

DESSERTS, KUCHEN, GELEES UND GETRÄNKE

Duftende Kräuter verleihen den Desserts und Pasteten, für die die französische Küche so berühmt ist, ihr Aroma. Aber auch Marmeladen, eingemachten Früchten, Likören und Tees geben sie eine feine Note.

TARTE AUX PÊCHES À L'HYSOPE *links* (S. 142),
MELON FARCI AUX FRUITS ET AUX FLEURS *Mitte* (S. 144),
QUATRE-QUARTS AU GERANIUM ROSE *rechts* (S. 152)

IN JEDEM SOMMER werde ich an meinem letzten Morgen in der Ardèche von meiner Freundin und Nachbarin Madame Marquet besucht. Es ist das einzige Mal, daß sie mit leeren Händen kommt und kein frisch geerntetes Produkt aus ihrem Garten mitbringt. Sie weiß, daß ich an diesem Tag das Haus säubern und den Wagen packen muß, so daß zum Essen oder gar zum Kochen kaum Zeit bleibt. Wir sind beide traurig. Abgesehen von den üblichen Grußkarten zum neuen Jahr werden wir nichts mehr voneinander hören bis zu meinem Anruf im Frühling, bei dem ich ihr mitteile, wann ich wiederkomme.

Sie ist ziemlich besorgt und vergewissert sich, daß ich auch nichts vergessen habe. »Und denken Sie daran, den Lavendel mitzunehmen«, sagt sie, »Sie können soviel ernten, wie Sie wollen.« Dann geht sie. Später, bevor ich abfahre, werde ich sie noch einmal anrufen und mich endgültig verabschieden.

Nachdem ich das Haus geputzt und in Ordnung gebracht und jedem verboten habe, es zu betreten, gehe ich langsam zu Madame Marquets Lavendelfeldern. Ich betrachte den Himmel, der wolkenlos und blau über dem violetten Blütenmeer steht. Dann streift mein Blick über die Hügel, deren Umrisse in der Hitze dunkel und verschwommen wirken. Ich werfe noch einen Blick auf den kleinen Ort, in dem ich mich so sehr zu Hause fühle, und bücke mich schließlich, um den Lavendel zu pflükken.

Kräuter für Süßspeisen haltbar zu machen ist sehr einfach. Ich empfehle, verschiedene Kräuterzucker und Kräuterhonige herzustellen. Der Zucker eignet sich zum Bestreuen von Eiercreme, Keksen und Biskuitkuchen, aber er kann auch zum Süßen und Würzen von Kuchen- und Plätzchenteig verwendet werden oder in einen Pudding gerührt werden. Kräuterhonig dient wie normaler Honig zum Süßen oder als Aufstrich für frisches Brot oder heißen Toast.

Es empfiehlt sich, trockene Kräuter zu verwenden, die man mittags pflückt, wenn ihr aromatisches Öl warm und intensiv ist. Folgende Kräuter eignen sich sehr gut für Zucker und Honig: Angelika, Anis, Lorbeer, großblumiges Johanniskraut, Ysop, Lavendel, Zitronenmelisse, Ringelblumenblüten, Minze (besonders Eau-de-Cologne-Minze, Ananas-Minze und Pfefferminze), Rosmarin, süßer Myrrhenkerbel, Verbene, Eisenkraut und Veilchen.

KRÄUTERZUCKER

Für den Lavendelzucker mischen Sie 55 g frische Lavendelblüten (nur die Spitzen verwenden und Stiele, wenn nötig, entfernen) oder 30 g getrocknete Lavendelblüten mit 225 g Streuzucker.

Wählen Sie ein trockenes Glasgefäß, und füllen Sie es schichtweise mit Zucker und Lavendel. Das Glas wird fest verschlossen und 1–2 Wochen lang an einen warmen Platz gestellt. Schütteln Sie das Glas gelegentlich, damit sich das Aroma gut verteilt. Schütten Sie den Zucker durch ein Nylonsieb, bevor Sie ihn verwenden. Die Lavendelblüten geben Sie dann wieder ins Glas und füllen Zucker nach.

Rosenblattzucker ist etwas ganz Besonderes. Wählen Sie die Blüten stark duftender Rosen aus – dunkelrote Rosen haben das stärkste Aroma. Die Herstellung ist wie bei Lavendelzucker. Allerdings läßt bei den Rosen nach 4–6 Wochen das Aroma nach, während die Lavendel dann immer noch kräftig duftet.

Vanillezucker wird ebenso hergestellt. Legen Sie eine in zwei Hälften geteilte Vanilleschote in ein Glas mit Zucker. Füllen Sie frischen Zucker nach, wenn Sie Vanillezucker benutzt haben.

KRÄUTERHONIG

Meiner Erfahrung nach eignet sich der flüssige Honig besser als der feste, denn er nimmt das Aroma der Kräuter schneller und intensiver auf. Flüssiger Honig wird fest, wenn man ihn kühl stellt, und fester Honig wird selbstverständlich wieder flüssig, wenn man das Glas ein paar Tage lang an einen warmen Platz oder in die Sonne stellt.

Für Rosmarinhonig wird ein 500-g-Glas Honig 24 Stunden lang an einen warmen Platz gestellt. Dann werden 4 Rosmarinzweige (möglichst blühend) hineingelegt, und das verschlossene Glas wird 1–2 Wochen lang in einen warmen Raum gestellt. Stellen Sie das Glas gelegentlich auf den Kopf, damit sich das Aroma verteilen kann. Normalerweise lasse ich das Kraut im Glas, denn es sieht hübsch aus.

CRÈME ANGLAISE
AUX FEUILLES DE PÊCHER

PFIRSICHBLÄTTERCREME

Französische Köche sind für ihren Einfallsreichtum bekannt. Sie verwenden nicht nur die verschiedensten Küchenkräuter, sie benutzen auch ungewöhnliche Blätter und Blüten, um die Speisen zu würzen. Bei diesem Rezept verleihen die Pfirsichblätter einer Eiercreme ein zartes, mandelartiges Aroma. Ein Feigenblatt gibt übrigens ebenfalls einen ganz besonders delikaten Geschmack ab.

FÜR 4–6 PERSONEN

500 ml Milch
6 frische Pfirsichblätter
5 Eigelb
100 g Zucker
ZUM SERVIEREN
Löffelbiskuits oder Mandelplätzchen

Die Milch mit den Pfirsichblättern erhitzen, aber nicht aufkochen lassen. Von der Flamme nehmen und 5 Minuten ziehen lassen.

Eigelb und Zucker aufschlagen. Unter ständigem Schlagen die Milch durch ein Sieb hineingießen. Dann wird die Flüssigkeit in einem Topf, am besten im Wasserbad, vorsichtig und unter ständigem Rühren erwärmt, bis sie eindickt. Sie darf nicht aufkochen, sonst gerinnt die Eiercreme. Den Topf von der Flamme nehmen und zum Abkühlen in kaltes Wasser stellen.

Dann die Creme in kleine Gläschen füllen und kalt werden lassen. Mit Löffelbiskuits, Mandelplätzchen oder heißen, getoasteten Briochestreifen servieren.

LAVENDELERNTE – *Die Dorfbewohner in Südfrankreich, die nur ein oder zwei Lavendelfelder haben, bringen ihre Ernte zu einer zentralen Destillerie. Dort wird der Lavendel zu einem Öl verarbeitet, das sie dann verkaufen. Das scharfe Lavendelöl hat eine stark antiseptische Wirkung.*

TARTE AUX PÊCHES À L'HYSOPE

PFIRSICHTORTE MIT YSOP

»Reinige ihn mit Ysop« heißt es in der Bibel. Abgesehen von ihrer heilenden Wirkung lockt die rosarot oder häufiger blau blühende Pflanze außerdem die Bienen an. Die altbekannte Kombination von Pfirsich und Ysop ist es wert, nicht in Vergessenheit zu geraten.

FÜR 6 PERSONEN

TEIG
115 g Mehl
30 g und ½ Teelöffel Streuzucker
45 g Haselnüsse, fein gemahlen
75 g Butter, halbgefroren
1 Ei, getrennt
1 Eßlöffel Milch
einige Tropfen Vanilleessenz

BELAG
6 mittelgroße, frische Pfirsiche
115 g grober Kristallzucker
150 ml Wasser
4 Zweige Ysop
1 Teelöffel Pfeilwurz

ZUM GARNIEREN
einige Ysopblätter und – wenn möglich – Ysopblüten

Das Mehl und 30 g Streuzucker in eine Schüssel sieben und die gemahlenen Haselnüsse hineinrühren. Die Butter darüberreiben und die Zutaten mit Eigelb, Milch und Vanilleessenz zu einem Teig vermischen. Den Teig zu einer Kugel formen und 15 Minuten lang unter einer umgedrehten Schüssel ruhen lassen.

Den Teig auf einer bemehlten Arbeitsfläche ausrollen, so daß er in eine Springform mit 22 cm Durchmesser paßt. Den Boden ein paarmal einstechen und den Teig ohne Belag bei mittlerer Hitze (180° C, Gas: Stufe 2) 15 Minuten lang vorbacken. Der Rand soll gerade etwas Farbe annehmen. Das Eiweiß mit ½ Teelöffel Streuzucker leicht aufschlagen und auf den Tortenboden streichen. Die Torte wieder für etwa 5 Minuten in den Ofen stellen, bis der Teig goldbraun und das Eiweiß glasiert ist. In der Form abkühlen lassen.

Die Pfirsiche in kochendes Wasser legen. Nach ein paar Minuten herausnehmen, schälen und in Scheiben schneiden.

Den Zucker bei niedriger Hitze im Wasser auflösen und mit 3 Ysopzweigen 4 Minuten lang köcheln lassen. Die Ysopzweige herausnehmen und die Pfirsiche hineinlegen. 4–5 Minuten lang kochen lassen, bis die Früchte weich, aber nicht zerkocht sind. Die Pfirsiche mit einem Schaumlöffel herausnehmen und den Pfeilwurz, der vorher mit etwas Wasser vermischt wurde, in die Kochflüssigkeit geben. Das Ganze unter ständigem Rühren einkochen, bis die Flüssigkeit dick und klar ist.

Von der Flamme nehmen, die gehackten Blätter des letzten Ysopzweiges hineinrühren und abkühlen lassen. Die Pfirsichscheiben kreisförmig und überlappend auf dem Tortenboden anordnen und den Sirup darauf geben. Die Früchte mit ein paar Blättern und Blüten garnieren. Serviert wird die Torte innerhalb der nächsten 2 Stunden bei Zimmertemperatur, solange sie noch knusprig ist.

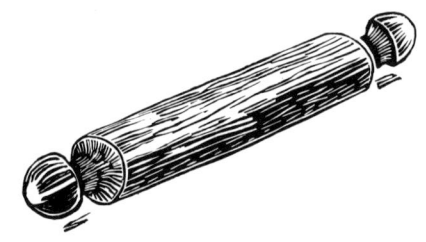

TARTE À LA FRANGIPANE ET AUX VIOLETTES

MANDELCREMETORTE MIT KANDIERTEN VEILCHEN

Ich habe viele Stunden damit zugebracht, das herrliche Konfekt in Auslagen der französischen *pâtisserien* zu bewundern. Manchmal mache ich mir auch Skizzen – sehr zum Erstaunen der Vorübergehenden. Gelegentlich, wenn ich es überhaupt nicht abwarten kann, betrete ich das Geschäft und kaufe eine der hübschen Köstlichkeiten.

In England backe ich diese Mandelcremetorte, weil sie mich so sehr an die glücklichen »Kuchenstunden« in Frankreich erinnert. Normalerweise dekoriere ich die Torte mit kandierten Veilchen, aber auch andere kleine Frühlingsblumen eignen sich dazu, Puddings, Torten oder Kuchen zu schmücken. Versuchen Sie es einmal mit Primeln, Rosmarin- oder Borretschblüten und Tuberosen.

FÜR 6 PERSONEN

180 g fertiger Mürb- oder Blätterteig
30 g Puderzucker
warmes Wasser
ein paar Tropfen Orangenblütenwasser
MANDELCREME
115 g Butter
115 g Vanillezucker (S. 140)
2 Eier
115 g gemahlene Mandeln
30 g Mehl
1–2 Teelöffel Orangenblütenwasser,
nach Geschmack
KANDIERTE VEILCHEN
1 Handvoll frische Veilchen
1 Eiweiß
Streuzucker

Für die Mandelcreme die Butter mit dem Zucker schaumig rühren. Dann die Eier einzeln hineinschlagen und schließlich das Mehl und die Mandeln zugeben. Mit Orangenblütenwasser abschmecken.

Den Teig so ausrollen, daß er in eine Springform mit 20 cm Durchmesser paßt. Den Teig mit dem leicht geschlagenen Eiweiß in die Form geben, die Mandelcreme darübergeben und glattstreichen. Die Torte im vorgewärmten Ofen (200° C, Gas: Stufe 3) 30–35 Minuten lang backen. Sie sollte goldbraun sein. In der Form abkühlen lassen.

Während die Torte noch warm ist, Puderzucker und Wasser für die Glasur mischen. Mit Orangenblütenwasser abschmecken und die Glasur auf die Torte gießen. Zum Festwerden beiseite stellen.

Die kandierten Veilchen werden folgendermaßen hergestellt: Die frischen Blüten von beiden Seiten leicht mit geschlagenem Eischnee bestreichen, mit Streuzucker bestäuben und zum Trocknen auf Pergamentpapier an einen warmen Platz legen. Dekorieren Sie die Torte mit einem Kreis Veilchen.

PETITS CŒURS DE CRÈME AUX FRAISES DES BOIS ET AUX FLEURS DE SUREAU

CREMEHERZEN MIT WALDERDBEEREN UND HOLUNDERBLÜTEN

Im Loiretal werden diese kleinen Käse aus abgetropfter Sahne im Frühsommer aus dickflüssiger, fetter Sahne zubereitet und mit ein paar Walderdbeeren, *fraises des bois*, belegt. Ich gebe gern etwas Muskatsirup dazu, der aus Holunderblüten gemacht wird.

FÜR 4 PERSONEN

300 ml Crème double
2 Eiweiß
MUSKATSIRUP
115 g grüne Stachelbeeren
115 g Streuzucker
2 Eßlöffel Wasser
2 Dolden Holunderblüten
ZUM GARNIEREN
ungefähr 24 Walderdbeeren
oder Scheiben von Gartenerdbeeren

Die Sahne schlagen, bis sie dick, aber noch cremig ist. Eiweiß steif schlagen und unter die Sahne ziehen. Die Masse in 4 herzförmige Porzellanschälchen füllen, die mit einem feuchten Tuch ausgelegt sind. Über Nacht zum Abtropfen an einen kühlen Ort stellen.

Für den Muskatsirup die Stachelbeeren (sie müssen nicht halbiert oder vom Blütenansatz befreit werden) mit Zucker und Wasser bei schwacher Hitze weich kochen. Dann von der Flamme nehmen und die Holunderblüten 3 Minuten darin ziehen lassen. Den Sirup in einen kleinen Krug seihen und abkühlen lassen.

Am nächsten Tag die Creme auf kleine Teller stürzen, mit Walderdbeeren garnieren und etwas Holunderblütensirup darübergießen.

MELON FARCI AUX FRUITS ET AUX FLEURS

MELONE MIT FRÜCHTEN UND BLÜTEN GEFÜLLT

Die Idee für dieses Gericht stammt aus dem bekannten französischen Kochbuch *Plats nouveaux! essai de gastronomie moderne*, das 1927 von Paul Reboux verfaßt wurde. Damals wurde das Buch in Amerika verboten, da einige Rezepte als ungeeignet angesehen wurden. Dreißig Jahre später erschien eine englische Übersetzung mit dem Titel *Food for the Rich*. Glücklicherweise muß man nicht reich sein, um dieses delikate Gericht auszuprobieren.

FÜR 4 PERSONEN

4 kleine, reife Charentais-Melonen
frische Saisonfrüchte, z. B. Himbeeren, Erdbeeren,
Pfirsiche, schwarze Johannisbeeren,
Feigen oder Kirschen
85–115 g Streuzucker
4 Eßlöffel Obstlikör, Muskatwein oder Champagner
1 Handvoll eßbarer Kräuterblüten,
z. B. Kapuzinerkresse, Rosmarin, Ringelblume, Salbei
oder Rosenblätter
ungefähr 24 Kapuzinerkresseblüten mit Stiel

Die Melonen mit einem feuchten Tuch abreiben. Mit einem scharfen Messer oben eine runde Öffnung hineinschneiden, die so groß ist, daß ein Eßlöffel hindurchpaßt. Samen und Fasern entfernen. Das Fleisch mit Hilfe eines Melonenlöffels oder eines Teelöffels kugelförmig ausstechen, ohne dabei die Haut zu verletzen.

Die Sommerfrüchte gewürfelt oder in Scheiben geschnitten dazugeben und den Zucker unterrühren. Den Wein darübergießen und die Früchte zugedeckt an einem kühlen Ort mindestens 30 Minuten ziehen lassen.

Die Blüten über die Früchte streuen und in die ausgehöhlten Melonen füllen. Die Öffnung mit Kapuzinerkresseblüten verdecken. An einem heißen Tag können Sie die Melonen in flachen Schalen servieren, die mit Eisstückchen gefüllt sind.

ŒUFS À LA NEIGE AUX ROSES

SCHNEE-EIER MIT ROSENBLÜTENBLÄTTERN

Ein besonders schöner Sommertag in meinem Garten in England inspirierte mich zu dieser Version einer klassischen französischen Nachspeise, die bei Kindern so beliebt ist. Rosafarbene oder rote Rosenblütenblätter eignen sich am besten, da sie das intensivste Aroma haben und sich gut kandieren lassen. Der Zucker muß ein paar Stunden vorher hergestellt werden.

FÜR 6 PERSONEN

ROSENZUCKER
1 Handvoll duftende Rosenblütenblätter
100 g Streuzucker

SCHNEE-EIER
570 ml Milch
3 Eier, getrennt
1 Teelöffel Rosenwasser
1–2 Eßlöffel Himbeerpüree
oder 1–2 Tropfen rosa Lebensmittelfarbe

KANDIERTE ROSENBLÜTENBLÄTTER
12 rosafarbene Rosenblütenblätter
1 Eiweiß, leicht geschlagen

Zucker und Rosenblütenblätter schichtweise in ein Glas füllen. Fest verschließen und mindestens 3–4 Stunden an einen warmen Platz stellen, bis der Zucker den Rosenduft angenommen hat.

Die Milch bei mittlerer Hitze in einem großen Topf wärmen. Die Eiweiß steif schlagen und mit 15 g Rosenzucker verrühren. Sobald die Milch zu kochen beginnt, mit einem Dessertlöffel den Eischaum hineingeben und die eiförmigen Baisers pochieren, indem Sie heiße Milch darüberlöffeln. Es dauert nur eine knappe Minute, bis sie fertig sind.

Die Schnee-Eier mit einem Schaumlöffel herausheben und in eine große, flache Schale legen. Mit der ganzen Eischneemasse so verfahren.

55 g Rosenzucker mit den Eigelb verquirlen. Die heiße Milch aus dem Topf dazugießen. Alles wieder in den Topf

zurückgeben und die abgetropfte Milch von den Schnee-Eiern dazugeben. Die Flüssigkeit unter ständigem Rühren so lange erhitzen, bis sie etwas eingedickt ist, aber niemals aufkochen. Rosenwasser und Himbeerpürre oder Lebensmittelfarbe dazugeben, damit die Creme eine hellrosa Farbe annimmt, die gut zu den Rosenblüten paßt.

Die Creme abkühlen lassen und in Schälchen füllen. Der pochierte Eischaum sollte obenauf schwimmen.

Die Rosenblätter auf beiden Seiten mit Eiweiß bestreichen und mit dem Rest des Rosenzuckers bestreuen. Die Rosenblütenblätter auf ein Papier legen und an einen warmen Platz stellen, vor dem Servieren über die Schnee-Eier streuen.

GRATIN DES FRUITS À L'ANGÉLIQUE
FRUCHT-GRATIN MIT ANGELIKA

Angelika (oder Engelwurz) und süßer Myrrhenkerbel können beide saures oder bitteres Obst versüßen. Bei diesem Rezept benutze ich Angelikablätter, um das Obst zu »süßen«. Kandierte Angelikastiele werden der Sahne zugegeben. Dieser Fruchtgratin kann mit jedem Obst zubereitet werden, das gerade Saison hat.

FÜR 4 PERSONEN

2 große Pfirsiche, geschält und in Scheiben geschnitten
einige Erdbeeren
einige Himbeeren
1 Handvoll rote und schwarze Johannisbeeren
1 junges Angelikablatt, gehackt
2 Eßlöffel Kirsch oder Grand Marnier (nach Belieben)
100 g Streuzucker
300 ml Crème double
20 g kandierte Angelikastiele, fein gehackt

Die Früchte auf 4 kleine Gratinschälchen verteilen. Man kann natürlich auch eine große Schale nehmen, aber ich persönlich finde kleine Schälchen hübscher. Das gehackte Angelikablatt zu den Früchten geben und nach Belieben etwas Likör darüberträufeln und die Hälfte des Zuckers dazugeben.

Die Crème double schlagen, bis sie steif, aber noch cremig ist, und die kandierten Angelikastiele daruntermischen. Auf dem Obst verteilen. Die Oberfläche glattstreichen und 30 Minuten lang kalt stellen.

Den restlichen Zucker als gleichmäßige Schicht auf die Creme streuen und die Früchte 6–8 Minuten lang in den Backofen stellen, bis der Zucker geschmolzen und karamelisiert ist. Die Schälchen abkühlen lassen und die Creme vor dem Servieren kalt stellen.

TRADITIONELLER KRÄUTERHANDEL – *Eine geübte Kräuterhändlerin in einem alten Pariser Geschäft wiegt Rosenblüten, rote Malven, Ringelblumen und Kamillenblüten ab.*

ŒUFS À LA NEIGE AUX ROSES *nächste Seite*

CRÊPES DE BLÉ NOIR AUX FRAISES CHAUDES ET MENTHÉES

BUCHWEIZEN-CRÊPES MIT HEISSEN ERDBEEREN UND MINZE

Buchweizen-Crêpes sind eine Spezialität der Normandie. Ich fülle sie gerne mit heißen Erdbeeren, die in Minzesirup gekocht werden, und gebe einen Schlag kühle Crème fraîche darüber.

FÜR 4–6 PERSONEN

CRÊPE-TEIG
1 großes Ei
150 ml Milch
30 g Buchweizenmehl
30 g Weizenmehl
30 g Butter
FÜLLUNG
450 g Erdbeeren
85–115 g Zucker
1 Teelöffel Minzeblätter, fein gehackt
150 ml Crème fraîche oder Sauerrahm
1 Eßlöffel Puderzucker

Das Ei mit der Milch verschlagen und nach und nach beide Mehlsorten dazugeben. Die Butter in einer Crêpe-Pfanne mit 15 cm Durchmesser schmelzen und dann in den Teig rühren. Eine dünne Butterschicht sollte aber in der Pfanne bleiben.

Ungefähr 2 Eßlöffel Teig gleichmäßig auf dem Boden der Pfanne verteilen. Auf beiden Seiten goldbraun ausbakken, dann aus der Pfanne nehmen und warm halten. Machen Sie 6 Crêpes, die Sie auf eine Platte legen, mit einem Tuch bedecken und warm stellen.

Die Erdbeeren putzen und waschen. In Scheiben schneiden und in eine Pfanne geben. Zucker und Minze zugeben und unter ständigem Rühren bei mittlerer Hitze 3–4 Minuten lang zu Sirup verkochen.

Einen Crêpe auf einen vorgewärmten Teller legen und mit einem Löffel etwas Erdbeeren auf eine Hälfte geben. Etwas Crème fraîche daraufgeben und die andere Hälfte darüberfalten. Den Crêpe mit Puderzucker bestäuben und sofort servieren.

MOUSSE AU CHOCOLAT ET AU MENTHE

MOUSSE AU CHOCOLAT MIT MINZE

Es gab einmal eine Zeit, als die Franzosen diese Geschmackskombination entsetzt abgelehnt haben. In den letzten Jahren hat die *nouvelle cuisine* jedoch viele neue Ideen in die französische Küche eingeführt, und wenn sich auch nicht alle durchgesetzt haben, so ist doch die *mousse au chocolat* mit frischer Minze populär geworden.

FÜR 4–6 PERSONEN

100 g Vollmilchschokolade
3 Eßlöffel schwarzer Kaffee
1 Eßlöffel Kirsch
1 Teelöffel Minze, fein gehackt
4 Eier, getrennt
4–6 Minzeblätter oder -zweige zur Dekoration

Die Schokolade zusammen mit dem Kaffee und dem Kirsch bei schwacher Hitze schmelzen. Das Ganze gelegentlich umrühren, damit es schön glatt wird. Von der Flamme nehmen und die gehackte Minze und nacheinander die einzelnen Eigelb hineinrühren.

Das Eiweiß steif schlagen. Vorsichtig die Schokoladenmischung unterheben, damit möglichst wenig Luft verlorengeht. 4–6 Schüsselchen mit der Mousse füllen und zum Festwerden an einen kühlen Platz stellen.

Mit den restlichen Minzeblättern dekorieren und servieren.

BEIGNETS DE FEUILLES DE BOURACHE DE PAUL REBOUX

FRITIERTE BORRETSCHBLÄTTER NACH PAUL REBOUX

Vor ein paar Jahren schenkte mir ein freundliches Ehepaar, das ich zufällig auf einer ruhigen Straße in Hyères an der Mittelmeerküste kennenlernte, eine Sammlung französischer Kochbücher. Unter diesen Büchern war auch eine vergilbte Ausgabe der *Plats Noveaux* von Paul Reboux aus dem Jahr 1927, dessen Rezepte meist sehr ungewöhnlich sind.

Borretsch zu fritieren ist eine alte Spezialität aus Burgund. Reboux beschreibt das Rezept so: »Legen Sie die Blätter in Brandy ein, und lassen Sie sie nach einer Stunde gut abtropfen. Füllen Sie jedes mit etwas Mandelcreme und rollen Sie es auf. Dann in Eierteig tauchen und fritieren.« Nach diesem Rezept bereite ich diese feinen, kleinen Leckerbissen zu.

FÜR 4–6 PERSONEN

ungefähr 24 junge Borretschblätter
2–3 Eßlöffel Brandy oder eau-de-vie
Mandelcreme (S. 143)
TEIG
55 g Mehl, gesiebt
eine Prise Salz
60 ml warmes Wasser
1 Eßlöffel Sonnenblumenöl
1 Eiweiß
Sonnenblumenöl zum Fritieren
etwas Vanillezucker (S. 140)

Die Stiele entfernen und die Borretschblätter in eine Schale legen. Die Blätter mit Brandy oder *eau-de-vie* übergießen und eine Stunde lang an einem warmen Platz stehen lassen. Inzwischen können Sie die Mandelcreme herstellen.

Den Brandy in eine Schüssel seihen und die Borretschblätter beiseite stellen. Für den Teig Mehl, Salz, Wasser und Öl zu einer glatten Masse verrühren. Den Brandy unterschlagen. Das Eiweiß steif schlagen und unter den Teig heben.

Die Borretschblätter gut abtropfen lassen. Einen Löffel Mandelcreme am Stielansatz auf jedes Blattende geben und das Blatt aufrollen. In den Eierteig tauchen und in sehr heißem Sonnenblumenöl bei ca. 180° C 3–4 Minuten lang golden ausbacken.

Anschließend auf Küchenpapier legen, damit das Fett abtropfen kann. Mit Vanillezucker bestäuben und servieren.

GELÉE DE LAVANDE

LAVENDELGELEE

Ich habe entdeckt, daß warmer Dessertwein, den man über frische Lavendelblüten gießt, sich rötlich verfärbt. Außer diesem hübschen Effekt bekommt er auch ein sehr angenehmes Aroma. Wenn man jetzt noch etwas Orangensaft und Gelatine dazugibt, entsteht ein köstliches Gelee.

FÜR 4 PERSONEN

55 g frische Lavendelblüten
oder 30 g getrocknete Lavendelblüten
425 ml weißer Dessertwein (Montbazillac)
30–35 g Lavendelzucker (S. 140), je nach Geschmack
1 Päckchen Gelatinepulver
Saft einer Orange

Die Lavendelblüten in einen Glas- oder Emailletopf geben (kein Metalltopf) und den Wein darübergießen. Auf Körpertemperatur (37° C) erhitzen, von der Flamme nehmen und 10 Minuten lang stehen lassen, damit sich das Aroma entfalten kann.

Den Wein in eine Schüssel seihen. Die Blüten dabei mit einem Löffelrücken auspressen, damit nichts von dem Aroma verlorengeht. Zucker im Wein auflösen, abschmecken und eventuell nachsüßen.

Die Gelatine im Orangensaft einweichen und vorsichtig erhitzen, bis das Pulver sich aufgelöst hat. Die Mischung in den Wein rühren und das Ganze in eine hübsche Glasschüssel oder in 4 Stielgläser füllen. Kühl stellen, bis das Gelee fest geworden ist.

Bevor Sie dieses Dessert servieren, sollten Sie darauf achten, daß das Gelee wieder Raumtemperatur angenommen hat. Dann ist es angenehm weich, und der Geschmack kommt am besten zur Geltung.

GLACE DE LA LAVANDE
LAVENDELEIS

Bevor ich begann, dieses Buch zu schreiben, hatte ich nur wenig mit Lavendel als Küchengewürz experimentiert. Doch als ich bei diesem letzten Kapitel angelangt war, hatte ich bereits beschlossen, daß dies mein Lavendelsommer werden sollte.

Es war Mitte Juli, und mein englischer Lavendel trug lange, spitze, violette Blüten, die einen intensiven Duft verströmten und an die blühenden Wiesen in der Provence erinnerten. Nicht lange darauf wurden die Büsche gestutzt, und ich trug jede Blüte, die ich finden konnte, in meine Küche. Das Haus begann wundervoll zu duften – überall verströmten die kleinen grauen Samen ihren intensiven Duft. Ich fand heraus, daß selbst die Blätter beim Würzen einen lieblichen Geschmack entfalteten. Jetzt sind nur noch wenige Blüten übrig, gerade genug, um sie neben den Kamin zu hängen, so daß man sie im Winter in die Flammen werfen kann. Durch sie entsteht der sanft duftende Rauch, der uns an den Sommer erinnert.

FÜR 6–8 PERSONEN

2 Eßlöffel feingehackte frische Lavendelblätter
2 Eßlöffel weißer Dessertwein, wie zum Beispiel
Muskateller, Sauternes oder Montbazillac
500 ml Crème double
100 g Lavendelzucker (siehe Seite 140)
2 Eiweiß
2 Eßlöffel frische Lavendelblüten

Die Lavendelblätter in den Wein rühren und an einem warmen Platz 10 Minuten ziehen lassen. Die Crème double schlagen, bis sie dick, aber noch cremig ist. Langsam den durchgeseihten Wein und die Hälfte des Zuckers daruntermischen.

Die Eiweiß steif schlagen und den restlichen Zucker hineinrühren. Die Eiweiß und die Lavendelblüten unter die Sahne heben. Die Mischung in eine Schale geben und gefrieren.

GELÉE DE LAVANDE *(S. 149)*, GLACE DE LAVANDE, BATONNETS
AU VIN DOUX ET À LA LAVANDE

BATONNETS AU VIN DOUX ET À LA LAVANDE
LAVENDELWEIN-PLÄTZCHEN

Eine Freundin, die in der Nähe von Beaumes-de-Venise in der Vaucluse lebt, gab mir das Grundrezept für diese Plätzchen – und ich habe den Lavendel hinzugefügt. Sie verwendet dafür gewöhnlich einen lieblichen Muskatellerwein, der in ihrem Dorf gekeltert wird und der den Plätzchen ein wunderbares Aroma verleiht. Zur Abwechslung nehme ich manchmal einen Montbazillac, einen Dessertwein aus der Dordogne, und die Plätzchen schmecken einfach köstlich.

Ich reiche die Plätzchen zu Lavendelgelee oder Lavendeleis. Man kann sie auch gut ohne weitere Beigaben zu einem Glas Dessertwein anbieten – im Sommer in Frankreich geben wir oft Pfirsichspalten in den Wein, essen diese zuerst zu den Plätzchen und trinken dann anschließend den Wein.

FÜR UNGEFÄHR 30 PLÄTZCHEN

130 g Mehl
85 g Lavendelzucker (Seite 140)
1 Prise Salz
55 g Butter
2–2½ Eßlöffel süßer Weißwein
(siehe oben)
12 frische Lavendelblätter, fein gehackt

Das Mehl, den gesamten Zucker (bis auf 1 Eßlöffel) und das Salz in eine Schüssel sieben. Die Butter darunterreiben, bis die Mischung bröselig wie Brotkrumen ist. In die Mitte eine Vertiefung drücken, den Wein und die Lavendelblätter hineingeben und vorsichtig verrühren. Die Mischung unter gelegentlichem Umrühren 10 Minuten stehen lassen; in dieser Zeit sollte sie sich verbunden haben. Nun alles zu einem weichen Teig verkneten.

Den Teig auf einer mit Mehl bestreuten Arbeitsfläche ungefähr 3 mm dick ausrollen und mit einem Backrädchen zu Streifen von 6 × 2,5 cm ausradeln. Auf ein gebuttertes Backblech legen, dabei jede Streifen in der Mitte leicht drehen, so daß die Plätzchen wie Bögen aussehen. Bei mittlerer Hitze (190° C, Gas: Stufe 2-3) 6–8 Minuten lang backen, bis die Ecken angebräunt sind. Auf einem Rost abkühlen lassen und den restlichen Zucker darüberstreuen.

BISCUITS AU ROMARIN
ROSMARIN-PLÄTZCHEN

Meine französischen Freunde sind immer hellauf begeistert von meinen selbstgebackenen englischen Plätzchen. Vor einigen Jahren bat mich Madame Marquet, ihr zu zeigen, wie man sie bäckt. Seitdem versuche ich immer, wenn ich in den Süden fahre, einen kleinen Vorrat davon mitzubringen, zusammen mit einigen Flaschen von *»le whisky«*. Die Rosmarin-Plätzchen können allein, aber auch als Beigabe zu Eis und Cremespeisen gegessen werden.

FÜR UNGEFÄHR 30 PLÄTZCHEN

115 g Butter
55 g Streuzucker
180 g Mehl
1–2 Eßlöffel Rosmarin, fein gehackt
etwas Zucker zusätzlich

Die Butter mit dem Zucker cremig rühren, bis eine weiche Masse entsteht, dann das Mehl und den Rosmarin hineinrühren. Den Teig zu einer Kugel formen.

Auf einem bemehlten Brett den Teig 0,5 cm dick ausrollen und Kreise von 5 cm Durchmesser ausstechen. Auf gefettetem Backpapier im warmen Ofen (160° C, Gas: Stufe 1) 15–20 Minuten backen, oder bis die Plätzchen gerade anfangen, braun zu werden. Auf einem Rost auskühlen lassen und mit dem restlichen Zucker bestreuen.

QUATRE-QUARTS AU GERANIUM ROSE
SANDKUCHEN MIT ROSENPELARGONIEN-AROMA

Ein *quatre-quarts* ist ein Kuchen, bei dem von allen Zutaten die gleiche Menge genommen wird. Der Geschmack, den die hübschen Blätter dieser Pelargonienart abgeben, ist so intensiv, daß es genügt, zwei oder drei Blätter auf den Boden einer Kuchenform zu legen, um den ganzen Teig lieblich zu würzen. Eine geriffelte Form läßt den Kuchen besonders hübsch aussehen.

FÜR EINEN KUCHEN MIT 19 CM DURCHMESSER

2 große Eier
dem Gewicht der Eier entsprechend:
Butter
Vanillezucker (Seite 140)
Mehl, gesiebt
1 Teelöffel Rosenwasser
4 oder 5 Blätter einer Rosenpelargonie
etwas Puderzucker

Die Butter mit dem Zucker und dem Rosenwasser cremig rühren, bis die Masse locker und schaumig ist. Die Eier einzeln hineinschlagen und dabei ständig rühren, so daß sich die Mischung verbindet. Das gesiebte Mehl unterheben.

Eine Kuchenform mit 19 cm Durchmesser buttern und mit gebuttertem Pergamentpapier auslegen. Eine dünne Schicht Zucker in das Innere der Form streuen und die Blätter umgekehrt hineinlegen. Den Teig vorsichtig in die Form geben, wobei die Blätter nicht verrutschen dürfen.

Bei mittlerer Hitze (180° C, Gas: Stufe 2) etwa 25–35 Minuten backen. Der Kuchen sollte nicht zu lange im Ofen bleiben. Wenn Sie ihn aus dem Ofen genommen haben, lassen Sie ihn 3 Minuten in der Form abkühlen, dann stürzen Sie ihn auf ein Rost. Mit ein wenig gesiebtem Puderzucker bestäuben und abgekühlt servieren.

FOUGASSE AU BEURRE ET À L'ANIS

BUTTER-FOUGASSE MIT ANIS

Fougasse ist eine der typischen französischen Brotsorten. In Südfrankreich habe ich sie überall gesehen, doch die meisten Variationen zu diesem Grundrezept gibt es anscheinend in der Provence. Lionel Poilane, der Pariser Bäcker, glaubt, daß dieser Brotteig ursprünglich entwickelt wurde, um die Temperatur des Backofens zu testen.

In der Provence wird der Teig meistens mit Salz und Olivenöl gewürzt oder mit Butter und Kräutern oder Gewürzen verknetet. Dieses Rezept ist für ein besonderes Brot, das für Feste und Feiern gedacht ist.

FÜR 1 BROT

20 g frische Hefe
2 Eßlöffel warmes Wasser
570 g Mehl
1 Prise Salz
45 g Zucker
300 ml Milch
200 g weiche Butter
2 Eier
20 g frischer Anissamen oder getrockneter Anis
1 Ei zum Bestreichen

ZUM GARNIEREN
1 Eßlöffel klarer Honig
kandierte Früchte, wie zum Beispiel Kirschen,
und kandierte Angelika

Die Hefe in einer Schüssel mit dem warmen Wasser mischen und mit ungefähr 55 g Mehl verrühren. Die Mischung zu einer Kugel formen, die Schüssel abdecken und 3 Stunden lang bei Zimmertemperatur gehen lassen.

Das restliche Mehl auf die Arbeitsfläche oder in eine weite Schüssel sieben. In die Mitte eine Vertiefung drücken und das Salz, den Zucker, die Milch und die Hefemischung hineingeben. Gut verrühren und dann langsam die Butter, die Eier und den frischen oder getrockneten Anissamen hineingeben, bis ein weicher Teig entsteht.

Den Teig 3 Minuten lang durchkneten, zu einer Kugel rollen und in eine dünn gebutterte Schüssel legen. Zugedeckt noch einmal 3 Stunden bei Zimmertemperatur gehen lassen.

Anschließend den Teig auf eine bemehlte Arbeitsfläche legen und zu einem Kreis von ungefähr 25 cm Durchmesser drücken oder ausrollen.

Auf bemehltes Backpapier legen und die Oberfläche einritzen, so daß die Schnitte wie Speichen in einem Wagenrad angeordnet sind. Mit dem verquirlten Ei bestreichen und an einem warmen Ort gehen lassen, bis der Teig aufgegangen ist.

Im heißen Ofen (200° C, Gas: Stufe 3) ungefähr 30 Minuten backen. Dann auf ein Rost geben, mit dem Honig bestreichen und mit den kandierten Früchten und Angelika verzieren. Abkühlen lassen.

LA SAUGE MIRACLE

SALBEILIKÖR »MIRACLE«

Dieses Rezept habe ich in einem Kochbuch aus Nyon in der nördlichen Provence entdeckt. Die Autorin Mireille Lesbros schreibt, daß ihre Großmutter diesen Salbeilikör herzustellen pflegte. Interessanterweise ist es eines der wenigen Rezepte, bei denen nicht nur die aromatischen Blätter, sondern auch die wunderschönen blauen Blüten verwendet werden.

FÜR 2 LITER

gut 1 Handvoll Salbeiblätter und -blüten
1 Liter eau-de-vie, *50%ig*
400 g Zucker
500 ml Wasser

Die Salbeiblätter und -blüten zusammen mit dem *eau-de-vie* in einen Krug oder eine Flasche mit weiter Öffnung geben. Die Flasche oder den Krug zugedeckt an einem warmen Ort acht Tage lang stehen lassen, dann die Lösung durch ein Sieb in eine Flasche füllen. Den Zucker zunächst bei schwacher Hitze in Wasser lösen und dann aufkochen. Das Sirup abkühlen lassen und zu dem *eau-de-vie* geben.

Die Flasche fest verschließen und an einem kühlen, dunklen Ort aufbewahren, oder aber den Likör sofort verbrauchen. »Dieser Likör kann Leben retten!« schreibt Madame Lesbros.

TISANES AUX HERBES

KRÄUTERTEES

Als Marcel Proust gegen Ende des letzten Jahrhunderts die berühmten Madeleine-Plätzchen in Lindenblütentee stippte, begann er seine folgenschwere Reise in die Erinnerung. Er begann mit der Arbeit an seinem berühmten Romanzyklus *À la Recherche du Temps Perdu* und bereicherte die Welt um ein bedeutendes Kunstwerk.

Auch wenn die Franzosen in dem berechtigen Ruf stehen, eine Nation von Kaffeetrinkern zu sein, gibt es immer mehr Menschen, vor allem jüngere Leute oder Leute, die gern spät essen, die lieber eine *tisane*, einen Kräutertee, trinken. Ein heißer Pfefferminztee nach einem Essen wirkt beispielsweise verdauungsfördernd. Eisgekühlt dagegen, in einem langstieligen Glas angeboten, ist er ein angenehm erfrischendes Getränk an einem heißen Nachmittag.

Die Kräuter, die sich gut für Tees eignen, sind Angelika, Dill, Eisenkraut, Fenchel, Hagebutte, Kamille, Katzenminze, Lavendel, Lindenblüten, Minze (besonders die Sorten Apfel, Eau de Cologne, Ingwer und Ananas), süße Myrrhe, Ringelblume, Rosengeranie, Rosmarin, Salbei, Veilchen, Verbene, Ysop und Zitronenmelisse.

Das unten aufgeführte Rezept ist für *tisane au menthe* (Pfefferminztee), aber Sie können alle anderen Kräutertees auf die gleiche Art zubereiten.

FÜR UNGEFÄHR 6 TASSEN

*4 Zweige frische Minze
oder 2 Teelöffel Blätter getrocknete Minze
1 Liter kochendes Wasser
Zucker, nach Belieben*

Die frische oder getrocknete Minze in einen feuerfesten Krug oder in eine sehr gut ausgewaschene Teekanne geben. Mit kochendem Wasser aufgießen, einmal umrühren und 3–5 Minuten ziehen lassen. Durch ein Sieb in feuerfeste Gläser füllen und servieren. Nach Geschmack mit Zucker süßen. Wenn ich den Aufguß nur für eine Person bereite, gebe ich den Zweig frische Minze direkt in ein Glas und gieße dann das kochende Wasser darüber. Ziehen lassen, die Minze entfernen und servieren.

Für eisgekühlten Pfefferminztee den Tee wie beschrieben zubereiten und kalt stellen. In einem langstieligen Glas mit Eiswürfeln und einer Zitronenscheibe servieren. Die Gläser mit einem winzige Zweig frische Minze oder mit einem Zuckerrand am Glas garnieren.

VIN D'ORANGES

ORANGENWEIN

Für dieses Rezept aus dem Burgund für Wein mit Orangengeschmack nehme ich zusätzlich noch ein wenig frische Angelika. Der süße Wein läßt sich gut zu einem Teller mit *petits fours* als Abschluß eines Mahls trinken oder verwandelt sich mit Eis und Mineralwasser in einen erfrischenden Longdrink.

FÜR 1 LITER

*2 große Orangen, abgespült und getrocknet
400 g Würfelzucker
15 cm von einem Stengel frische Angelika,
kleingeschnitten
1 Liter trockener Weißwein*

Mit einem scharfen Messer von den Orangen die dünne Außenschale abschälen, in der sich die aromatischen Öle und der intensivste Geschmack konzentrieren. Die darunterliegende weiße Haut darf nicht verwendet werden. Die Orangenschale in eine Flasche oder ein Glas mit Schraubverschluß geben und den Zucker, die Angelika und den Wein hinzugeben. Die Flasche fest verschließen und an einem warmen Ort 14 Tage lang stehen lassen. In dieser Zeit einmal am Tag kurz schütteln.

Anschließend durch ein Sieb in eine saubere Flasche gießen. Verkorken und bis zum Verbrauch an einem kühlen dunklen Ort aufbewahren. Der Geschmack wird besser, je länger der Wein liegt.

WOHLTUENDE BLÜTEN – *Im Hochsommer ziehen die duftenden Lindenblüten die Bienen aus einem Umkreis von mehreren Kilometern an. Die Blüten werden gepflückt und getrocknet. Dann kann man mit ihnen einen Tee bereiten, der entspannt und die Nerven beruhigt.*

CORNICHONS CONSERVÉS À L'ANETH

EINGELEGTE GURKEN MIT DILL

Da meine Mutter Kanadierin ist, kenne ich mit Dill eingelegtes Gemüse seit meiner Kinderzeit, denn in Nordamerika findet man die Dillgurken überall. Als ich klein war, verbrachten wir im Juli regelmäßig einen oder zwei Tage – mir kam es wie eine ganze Woche vor – damit, das Gemüse einzulegen. In Frankreich kann man von Ende Juni bis in den September die kleinen dunkelgrünen Gurken recht günstig auf den Märkten kaufen. Sie werden genauso eingelegt wie unsere Dillgurken, doch im allgemeinen mögen die Franzosen sie lieber mit Estragon und Knoblauch eingelegt. Mir schmecken beide Varianten gleich gut. Wenn Sie Ihre Gurken in Frankreich kaufen, versuchen Sie am besten die Sorten *vert petit de Paris* oder *améliore de Bourbonne* zu bekommen.

Bei der Zubereitung der Gurken sollten Sie möglichst nur Gegenstände aus Glas, Emaille oder Holz verwenden – Metall könnte den Geschmack beeinträchtigen.

FÜR UNGEFÄHR 1 KG

1 kg kleine, feste Gurken
300 g grobes Salz
750 ml Weißweinessig
einige Dillblüten oder einige Zweige Estragon
100 g sehr kleine Zwiebeln (Cocktailzwiebeln),
geschält
2 Knoblauchzehen

Die Gurken so gründlich wie möglich abspülen und trocknen, so daß sie frisch bleiben. In eine Schüssel legen und das Salz darüberstreuen. 24 Stunden stehen lassen, damit das Salz das Wasser aus den Gurken ziehen kann. Die Gurken am nächsten Tag herausnehmen und mit kaltem Wasser abspülen. Dann mit einem sauberen Küchentuch abtrocknen und wieder in die ausgespülte, trockene Schüssel legen.

Die Hälfte des Essigs in einem Topf zum Kochen bringen, 5 Minuten kochen lassen und dann über die Gurken gießen. Mit einem sauberen Tuch abdecken und an einem kühlen Ort 24 Stunden lang stehen lassen.

Den Essig von den Gurken durch ein Sieb abgießen, einmal aufkochen und zum Abkühlen zur Seite stellen. Die Gurken in ein großes Glas legen und die Dillblüten oder den Estragon, die Zwiebeln und den Knoblauch darin verteilen. Den aufgekochten und abgekühlten Essig darübergießen und das Glas mit dem frischen Essig auffüllen. Das Glas gut verschließen und an einem kühlen Ort 2 Monate ziehen lassen, bevor es wieder geöffnet wird.

GELÉE DE POMMES AUX HERBES

APFELGELEE MIT KRÄUTERN

Frühe Herbstäpfel, Falläpfel oder auch nur Apfelschalen ergeben ein ausgezeichnetes Apfelgelee, das, wenn es mit frischen Kräutern gewürzt wird, im Winter eine ausgezeichnete Beigabe oder kalte Sauce zu gebratenem Wild abgibt.

FÜR UNGEFÄHR 450 G

1 kg Äpfel, gewaschen und geviertelt,
ohne Kerngehäuse, oder nur Apfelschalen
Einmachzucker, angewärmt
1 Zitrone
eine Auswahl frischer Kräuter:
Minze, Schnittlauch, Rosmarin,
Lavendel, Salbei, Wacholderbeeren

Die Äpfel in einen großen Topf geben und mit Wasser auffüllen, bis sie bedeckt sind. Langsam zum Kochen bringen, dann Hitze drosseln und ungefähr 1 Stunde köcheln lassen, dabei ein- oder zweimal die Früchte vorsichtig zerdrücken.

Den Topf von der Flamme nehmen, etwas abkühlen lassen und den Inhalt in ein Safttuch geben (ich nehme dafür einen alten Kopfkissenbezug). Den Sack über eine große Schüssel hängen, um die Tropfen aufzufangen. Einige Stunden lang, am besten über Nacht, hängen lassen, bis der Saft abgetropft ist. Auf keinen Fall den Vorgang durch Pressen oder Drücken beschleunigen, sonst wird der Saft und damit das Gelee trübe.

Am nächsten Tag wird der Saft abgemessen, in einen Topf gegossen und dann zum Kochen gebracht. Für jeweils 500 ml Apfelsaft 400 g angewärmten Einmachzucker hinzufügen und unter Rühren bei milder Hitze im Saft auflösen. Dann aufkochen, bis die Temperatur den Siedepunkt erreicht (105° C) oder wenn ein Teelöffel Gelee, das auf einer Untertasse abgekühlt ist, faltig wird, wenn man mit dem Finger dagegenstößt. Den Zitronensaft dazugeben und von der Kochplatte nehmen.

Das Gelee in mehrere heiße, trockene Gläser gießen und die entsprechenden Kräuter hineinlegen.

SORGFÄLTIGE AUSWAHL – *Keinem französischen Koch oder Küchenchef würde es einfallen, die Zutaten, besonders die Kräuter für ein Gericht, zu kaufen, ohne sie sorgfältig geprüft und abgetastet zu haben und ohne daran gerochen zu haben, um sicher zu sein, daß es sich um beste Qualität handelt.*

MINZEGELEE Feingehackte frische Minze und einen Tropfen grüne Lebensmittelfarbe hineinrühren.

SCHNITTLAUCHGELEE Wie bei Minzegelee verfahren, doch anstelle der Minze Schnittlauch nehmen.

ROSMARINGELEE 2 oder 3 Zweige frischen Rosmarin in das Gelee geben und 2–3 Minuten gut umrühren, bis das Gelee den Geschmack angenommen hat. Die Zweige herausnehmen und einen Tropfen grüne Lebensmittelfarbe und einen frischen Zweig Rosmarin in das Glas geben.

LAVENDELGELEE Wie bei Rosmaringelee verfahren, doch frische Blütendolden vom Lavendel benutzen. Keine Farbe zugeben.

SALBEIGELEE Wie bei Rosmaringelee verfahren.

WACHOLDERBEERENGELEE 3 zerdrückte Wacholderbeeren auf 150 ml Gelee geben.

Die Gelees abkühlen lassen. Verschließen und etikettieren, wenn sie ganz ausgekühlt sind.

REGISTER

DANKSAGUNGEN

Die Herausgeber möchten folgenden Fotografen und Organisationen für die Erlaubnis, ihre Fotos in diesem Buch wiederzugeben, danken:

Endpapers L'Espiquette fabric by Souleiado; 1 Jalain/Explorer; 2 Setboun/Rapho; 3 Pascal Chevalier/Agence Top; 6–7 C Bibollet/Agence Top; 9 Jean-Paul Dumontier; 10 P Hussenot/Agence Top; 12–13 Christian Sarramon; 14 Retrograph Archive Collection; 16 Frederic/Jacana; 17 Lamontagne; 18 Viard/Jacana; 19 Lamontagne; 20–21 Christian Sarramon; 22 Nardin/Jacana; 23 Retrograph Archive Collection; 31 Jean-Paul Dumontier; 32 Georges Leveque (Creation de Jean Mus); 34 La Maison de Marie Claire (Duffas/Le Foll); 37 Georges Leveque; 43 J M Charles/Rapho; 45 Lamontagne; 52 Christian Sarramon; 56 Lamontagne; 58–59 Zefa Picture Library; 63 Charlie Waite/Landscape Only; 64 Errath/Explorer; 71 Fournier/Rapho; 75 Raymond de Seynes; 78 Mura/Jerrican; 81 La Maison de Marie Claire (Duffas/Le Foll); 84 Robert Opie; 87 Georges Leveque; 89 Delu/Explorer; 90–91 Thomas-Perdereau; 97 Noailles/Jacana; 102–103 Lamontagne; 106 Jean-Paul Dumontier; 111 Denis Hughes-Gilbey; 114 Larrier/Rapho; 119 D Bouquignau/Agence Top; 120 Lamontagne; 124–125 P Hussenot/Agence Top; 130 R Mazin/Agence Top; 132 La Maison de Marie Claire (Duffas/Le Foll); 141 Goudouneix/Explorer; 145 Lerosey/Jerrican; 155 Remi Michel/Rapho; 157 Chito/ANA/John Hillelson Agency;

Spezialaufnahmen von Linda Burgess; 13, 24–29, 40, 46–51, 55, 68–69, 76–77, 82–83, 94–95, 98–99, 108, 113, 116–117, 129, 134–139, 146–150.

Die Herausgeber danken der Penguin Gruppe für die Erlaubnis, das Rezept »Calmars à l'Etuvee« aus dem Buch *Mediterranean Seafood* von Alan Davidson (Penguin Books, 1972, 1981) Copyright © Alan Davidson und Macmillan Inc. für die Erlaubnis, das Rezept für gefüllten Kürbis aus dem Buch *Mastering the Art of French Cooking* Volume I, von Julia Child, Simone Beck & Louisette Bertholle. Copyright © 1961 by Alfred A. Knopf, Inc., a division of Random House, Inc. zu übernehmen.

Die Herausgeber möchten folgenden Personen für ihre Hilfe danken: The Conran Shop, Fulham Road, London SW 3; The Gallery of Antique Costume and Textiles, 2 Church Street, London NW 8; Mrs. Derek Gleeson and Mrs. Gwen Tidball, Plymtree, Devon; Chris and Cathy Holbrey, Lowfield Organic Growers, Exelby, Bedale, Yorkshire; Hollington Herbs, Hollington Nurseries, Woolton Hill, Newbury, Berkshire; Sally St John Hollis, Welcombe Country Fayre, Darracott Farm, Welcombe, North Devon; Ann Lingard, Rope Walk Antiques, Rope Walk, Rye, Sussex; Nicolaus, Chenil Galleries, 181–183 Kings Road, London SW 3; Norfolk Lavender, Caley Mill, Heacham, Kings Lynn, Norfolk; Tobias and the Angel, 68 White Hart Lane, Barnes, London SW 3.

QUELLENHINWEISE

Audot, L. E., *La Cuisinière de la campagne et de la ville*, 1818; Bardswell, Frances A., *The Herb Garden*, A. C. Black, 1911; Blandin, Charles, *Cuisine et Chasse de Bourgogne et d'ailleurs*, Editions Horvath, 1985 reimpression de l'edition de 1920; Bocuse, Paul, *The Cuisine of Paul Bocuse*, Granada, 1982; Boulestin, X. Marcel, *Herbs, Salads and Seasonings*, William Heinemann, 1930; Croze, Austin de, *Les Plats Regionaux de France*, Daniel Morcrette, 1928 reprinted 1977; David, Elizabeth, *French Country Cooking*, John Lehmann, 1951; Penguin Books, 1959; David, Elizabeth, *French Provincial Cooking*, Michael Joseph, 1960; Penguin Books, 1964; David, Elizabeth, *Spices, Salt and Aromatics in the English Kitchen*, Penguin Books, 1970; Davidson, Alan, *Mediterranean Seafood*, Penguin Books, 1972; Delaveau, Pierre, *Les Épices*, Albin Michel, 1987; Dumas, Alexandre, *Le Grand Dictionnaire de Cuisine*, Alphonse Lemerre, 1873, Fisher, M.F.K., *The Cooking of Provincial France*, Time Life, 1968; Fisher, M.F.K., *Two Towns in Provence*, Hogarth Press, 1985; Forot, Charles, *Odeurs de Forêt et Fumets de Table*, Seilc, 1975; Grigson, Jane, *Charcuterie and French Pork Cookery*, Michael Joseph, 1967; Penguin Books, 1970; Holt, Geraldene, *Budget Gourmet*, Hodder and Stoughton, 1984; Penguin Books, 1985; Holt, Geraldene, *French Country Kitchen*, Penguin Books, 1987; Lesbros, Mireille, *La Cuisine Traditionelle en Provence*, Le Regard du Monde 1985; Lowenfeld, Claire and Back, Philippa, *The Complete Book of Herbs and Spices*, David and Charles, 1974; Mabey, Richard, *The Complete New Herbal*, Elm Tree Books, 1988; Mazille, La, *La Bonne Cuisine du Périgord*, Flammarion, 1929; Médecin, Jacques, *Cuisine du comté de Nice*, Julliard, 1972; Penguin Books, 1983; Montagné, Prosper et Gottschalk, Dr., *Larousse Gastronomique*, Hamlyn, 1961; Montagné, Prosper, et Salles, Prosper, *Le Grand Livre de la Cuisine*, Flammarion, 1929; Pomiane, Édouard de, *Cooking with Pomiane*, Faber and Faber, 1962; Reboul, J.-B., *La Cuisinière Provençale*, Tacussel, 1895 reprint 1980; Rohde, Eleanour Sinclair, *A Garden of Herbs*, Herbert Jenkins, 1920; Root, Waverley, *The Food of France*, Macmillan, 1983; Serres, Olivier de, *Le Théâtre d'agriculture et mesnages des champs*, 1600; Stobart, Tom, *Herbs, Spices and Flavourings*, International Wine and Food Publishing Co., 1970, Penguin Books, 1977; Varenne La, *Le Cuisinier Français*, 1651 edition reprint 1983, Bibliothèque Bleue; Willan, Anne, *French Regional Cooking*, Hutchinson, 1981; Zabar, Abbie, *The Potted Herb*, Weidenfeld and Nicholson, 1988.